大展好書　好書大展
品嘗好書　冠群可期

大展好書　好書大展
品嘗好書　冠群可期

命理與預言 69

圖解手掌機密

林虹余／著

大展出版社有限公司

前言

中國手相學的歷史，可溯至周朝時代，並與當時的西洋手相學盛行，中國的手相學與西洋手相學各有千秋，中國手相學與陰陽五行、八卦較為密切。

研究手相的好處，舉凡手的形狀，肥瘦、掌色、五指的長短色澤、指節、紋線、掌丘的高低與指甲等等，都可以看出端倪。比如說，婚姻、健康、財富、職業、個性，由於以上的情形突變，可反應身體的疾病。

目前手相學的書籍很多，而且非常流行，在很多國家研究手面相的人愈來愈多，因為手相學是經歷代先哲的智慧，然後把它整理分析與應驗統計出來的。

手相是根據一定的程序與推理和過程發掘出來的。手相是一門有系統的科學，絕不是玄學，也不是迷信。

手相學是個生理、心理狀況的反應，它並不是在決定一生的命運，而是要自己創造後的命運來改造您的命運。

本書的特色是提供一些對手相學有興趣的朋友參考，而本人是抱著謹慎的態度去發揚手相學的定義來研究它。

目錄

一、論掌中卦位

乾屬金、居戌亥之位。
為父。包含萬象。不同尋常。形勢豐滿、氣色明潤者，父蔭有餘。長子發達。形勢低陷、氣色枯暗者，父蔭不足。子孫稀疏。

坎為水，居子丑之位。
為海門。為根基。形勢豐滿、氣色明潤者，根基當有。形勢低陷、氣色枯暗者，根基貧乏。若見惡紋衝破，尤主水危。若坎宮有豎理紋，直上離宮者，名壽帶紋。主富貴。

艮屬土、居丑寅之位。
為墳墓。為兄弟。形勢豐滿、氣色明潤者，祖塋既佳。兄弟亦眾。形勢低陷、氣色枯暗者，祖塋破敗。兄弟參商（比喻雙方意見對立）。

震屬木、居於卯之位。

為立身。為妻妾。形勢豐滿、氣色明潤者，立身高尚。妻妾和諧。形勢低陷、氣色枯暗者，立身困頓。妻妾刑傷。

巽屬木、居辰巳之位。

為財帛。為祿馬（即驛馬）。形勢豐滿、氣色明潤者，財帛豐餘。指揮如意。氣色枯暗者，財帛破耗。動定乖舛。若見惡紋衝破。尤差。

離屬火、居於午之位。

為官祿。形勢豐滿、氣色明潤者，文則加官，武者進爵。形勢低陷、氣色枯暗者，無論文武，大都拂逆。

坤屬土、居未申之位。

為母。為福德。形勢豐滿、氣色明潤者，慈母康強。福德優渥。即子息亦主蕃衍。形勢低陷、氣色枯暗者，慈母疾苦。福德薄弱。子息亦刑傷。若見惡紋衝破。尤凶。

兌屬金、居酉之位。

為子息。為奴僕。形勢豐滿、氣色明潤者，子息俊秀。奴僕忠實（奴僕亦作為部屬論）。形勢低陷、氣色枯暗者，子息愚頑。奴僕奸詐。若見惡紋衝破。非惟子息傷亡。且受奴僕及部下之害。

掌中央為明堂。

主目前之吉凶。掌中平坦無傷、氣色明潤者，凡謀事皆遂。如有惡紋或氣色枯暗者，立見凶危。古人言：氣色見於掌心。一觀為定。久歡則昏。又云：掌有紫色，眼下亦必有紫色。掌中有青色，眼下亦必有青色。須參觀之。

掌中分別八卦。巽為初主，管二十五年，離為中主，管二十五年。坤為末主，管二十五年。看其何宮豐滿。即知其財祿與旺發於何時。如有缺陷，財多成多敗。煞費精神。再驗其掌紋，以決財祿之聚散。大致紋理細密者，財祿多聚。紋理粗疏者，財祿多散。

二、手相與靈感

我們研究手相，達到一個相當的境界時，你將會有一種很奇妙的感覺，這種感覺往往是在您看了對方手相之後的那一剎那發生。

這種感覺的啟示，好像告訴你一個信息，你已經知道應該告訴他些什麼，或是他目前正面臨著些什麼問題，甚至於他將發生一件意外，或是一件不幸的事，或屬於一件意外的很好收穫。這件事的發生，往往對他來說是相當應驗的，當時立刻靈感給我們帶來的這種啟示，給他下一個斷言，而這啟示應驗的或然率相當的高。

因此，我們研究手相，往往亦要靠這些突然來或一剎那的靈感，加以綜合性的判斷。這種突然來的第六感，是當你在鑑定對方手相時的剎那間而得知的。我們必須把握這個機會，將突然來的靈感的預言，配合我們所學加以分析證明。

當我們在看手相時，要依照一些手相的原則去發揮，不要過份拘泥自己的看法。突然來的靈感，就好比我們看到那種花的顏色所得的答案往往會讓對方有一料想不到的正確答案。我們要把握這一個靈感，加以發揮及分析才對。

一般來說，以這個靈感的呈現階段，是當你獲得這些手相的知識與概念之後，隨著您替人鑑定次數的增加而上升，同時這必須靠自身去培養這種靈感的產生。

如何去培養這種靈感的產生呢？那麼，您必須隨時保持著「心靈的寧靜」，在這種保持寧靜的心理原則之下，您的靈感，將自然的呈現在您替對方鑑定手相時候的那一瞬間，因此，如果您今天的心情不好，心裡受著許多雜事的干擾，這種靈感是不會出現的。

我們想在研究手相上更有心得時，必須認真學習培養自己的靈感。

假使您每天找一個固定時間，能把自己的心定下來，漸漸的您就可以培養出這種靈感了。

如何培養您一天的靈感，告訴您一個經驗，當您認為那一天最快樂的時刻，您就利用這段時間靜下來，去考慮許多要做的事，或去考慮一些該做決定的事。

在幾年來的經驗裏就會告訴您，凡是在這段時間裡所判斷的、所考慮的、所想做的事，比其他時間裡所判斷、所考慮的事情來得正確，所以決定的事大部分已實現。

因此，我們在興趣於學好手相時，亦要找尋每天屬於自己最寧靜的時刻，去體會、去思考手相的原則與理論，及所獲得的經驗，如此你將能達到研究手相學最高的境界。

三、認識掌紋

⑴、掌紋的四大主線

1.生命線（又名地紋）

由大拇指和食指之間開始，呈現弧形而延伸包圍金星丘，他包含人的壽命和健康與生命力。

2.智慧線（又名人紋）

由生命線上方開始斜斜劃過手掌，表現在智慧、才華與性格，在觀察時以清晰、明顯為優良。

3.感情線（又名天紋）

由小指下方橫跨手掌延伸到食指與中指之間，代表感性與心靈的契合和戀愛有關。

4.成功線（又名玉柱紋）

又名命運線，由手腕的下方往上延伸到土星丘成垂直線，表示人事變遷和運勢的好壞與強弱。

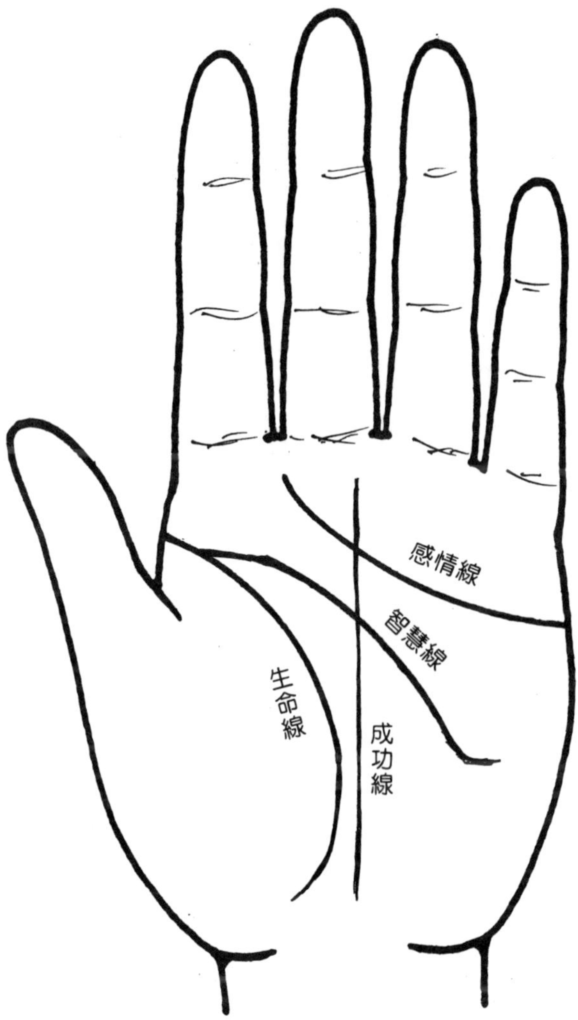

圖 1

⑵、其他次要的紋路

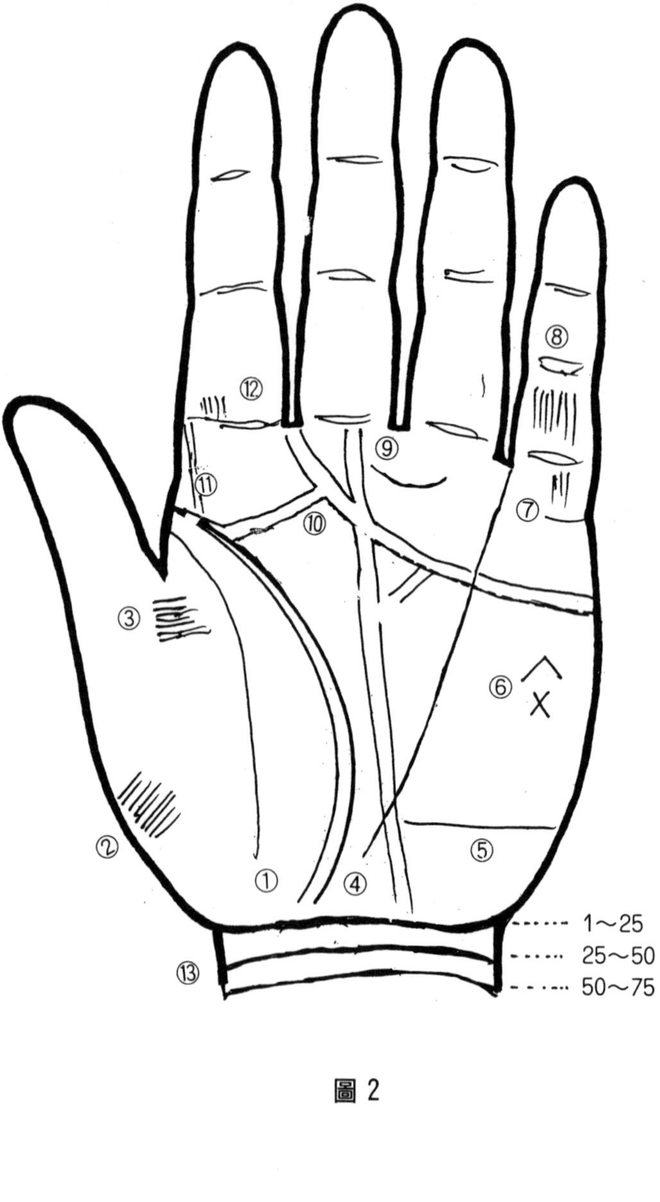

圖 2

①內生命線
②懸針紋（看兄弟多寡，並主生之貴人）
③事業光芒線
④健康線（又名移動線）
⑤旅行線（又名出國紋）
⑥鴛鴦線（又名人緣紋）
⑦婚姻線（又名結婚紋）
⑧子女線（又名兒女紋）
⑨理財紋
⑩通關紋
⑪財帛紋
⑫小人紋
⑬腕紋

(3)、掌中八卦與五方月令圖

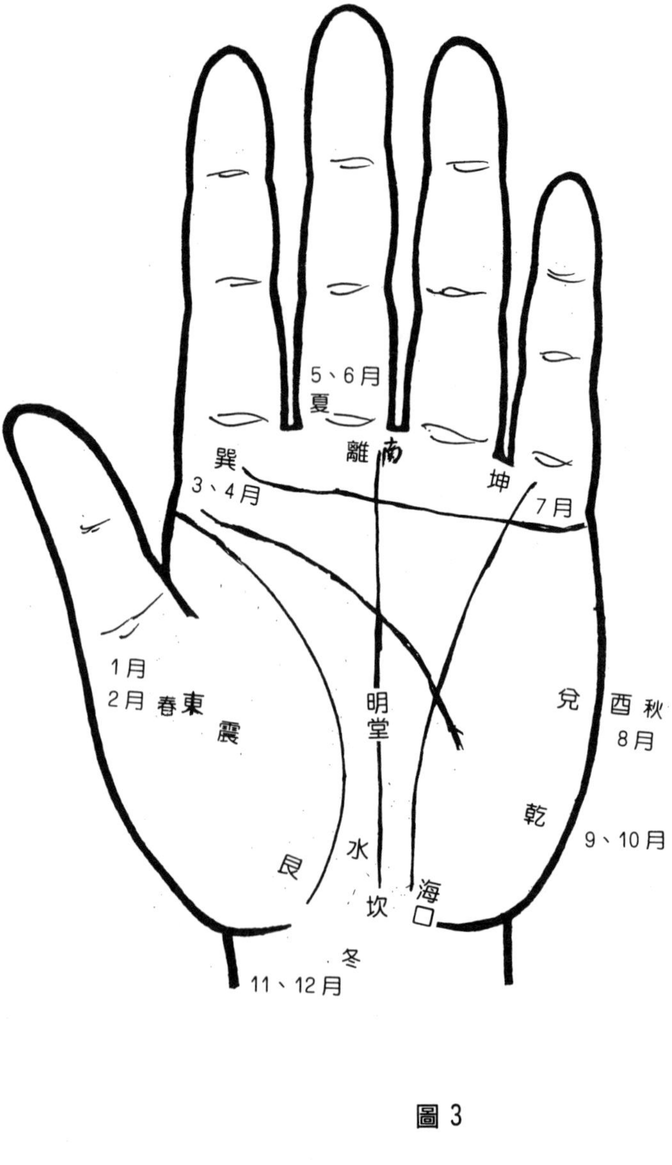

圖3

四、掌型的種類

⑴、原始掌

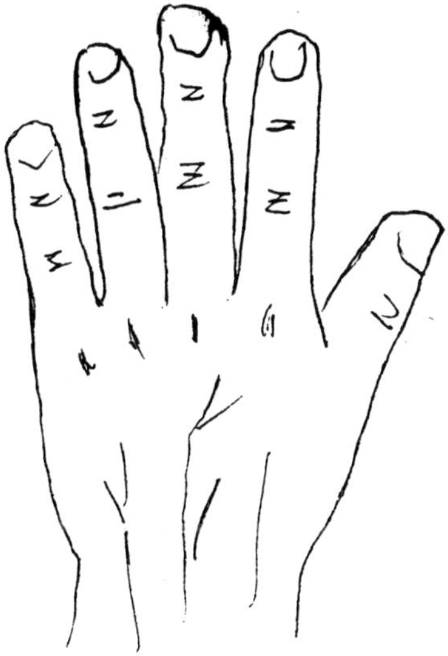

1. 一般掌肥而短，厚而且硬，拇指粗硬，不能反屈。
2. 性急粗野，且缺乏理智。頭腦簡單，只知飲食男女。
3. 如此的原始掌，在人群中並不多見，惟在勞工群中有類似此形之掌。
4. 此形手體質精力良好，生了病，

恢復能力比一般人快，注意肝火上升，及血壓，另呼吸器官也要注意。

⑵、圓錐型

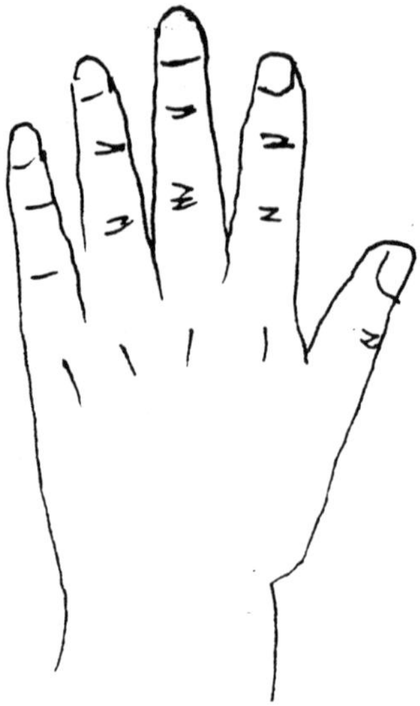

1. 掌極豐腴，皮膚較白，手指尖細而美觀。
2. 有感情，有同情心，傾向藝術，爪細而長，缺點易衝動。
3. 婦女有此掌，性善奢侈，易受環境所影響，愛情操守不堅。而男子有此掌，多為才氣優越，且有雄辯口才。

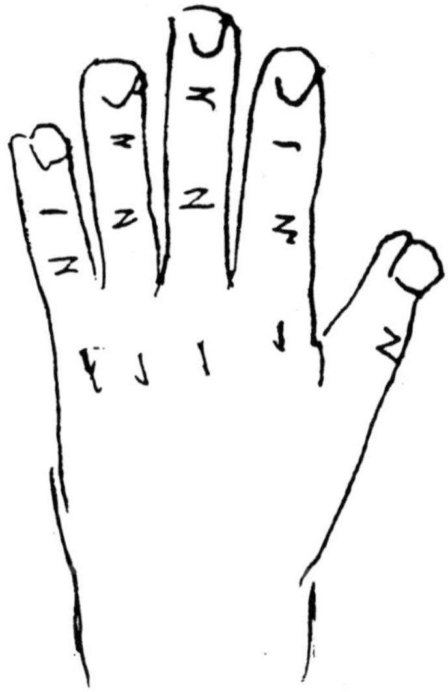

⑶、方型掌

4.此型手掌注意脾、胃、消化器官的疾病及內分泌失調。

1.掌型頗大，成四方形，指跟爪成四方形，拇指較大，掌型大小適中，空虛堅而有彈力。

2.遵守規定，屬於理智型，勤而忍耐。重實際之人。

3.個性較堅，有頑固之傾向，拇指長而節硬，更顯。

4.醫生、律師、商人、教師，有此掌型。

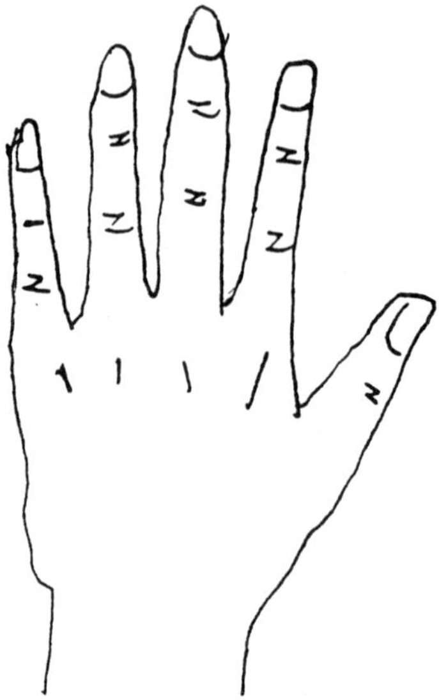

⑷、竹節掌

5.此型手掌注意結石、風濕、神經衰弱、心臟疾病或血管病變。

1.手長瘦，指長尖細，關節顯露似竹節，性富幻想，而任意進行，不求實際。

2.有審美觀念，直覺能力高，有藝術天才。

3.依賴性較大，容易招致失敗與挫折。

4.詩人、藝術家、理想家，有此掌型。

5.用腦過度，容易罹患胃腸與憂鬱症，呼吸、泌尿系統也要注意。

(5)、湯匙型

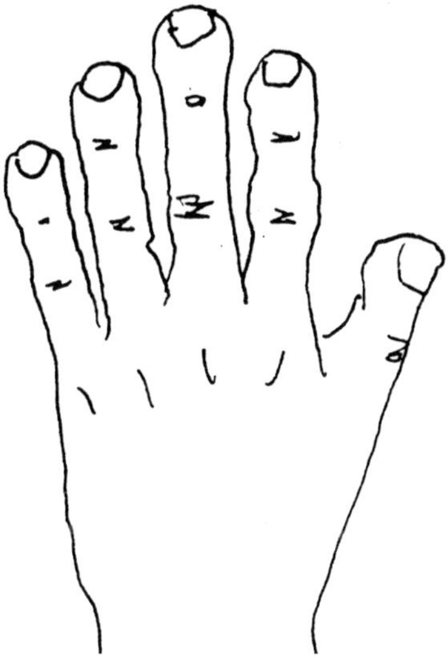

1.指尖由細變粗，手指頭和湯匙相似，掌比較厚，靠近手腕的地方較粗大。

2.此型人體力相當好，自信力強，做事忍耐勤快。

3.在感情方面容易受刺激，導致思想方面不夠健全，事後經常後悔不已。

4.適合船員、探險家、工程方面的

職業。

5.此型手注意腰痛、心臟、血壓、糖尿等症的疾病。

(6)、混合型

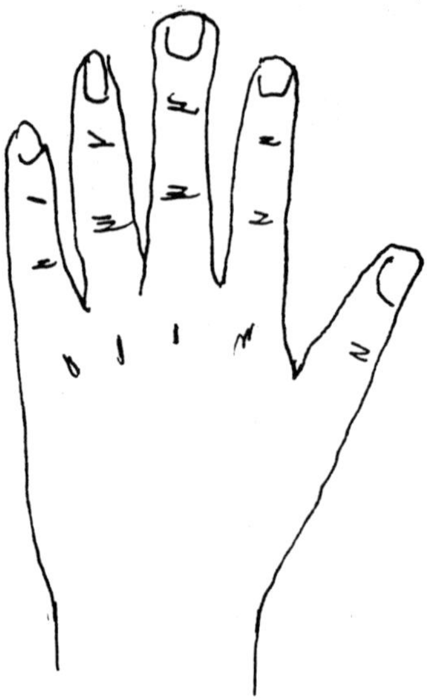

1.此掌之指狀不一，或一尖、或一方型等。在能力、性質均有複雜之傾向。

2.在交際或任何場合，都能應付自如，擅長交際，能力不錯。

3.心無定向，容易見異思遷，碰到困苦易生倦心。優點雖多，變遷太大。

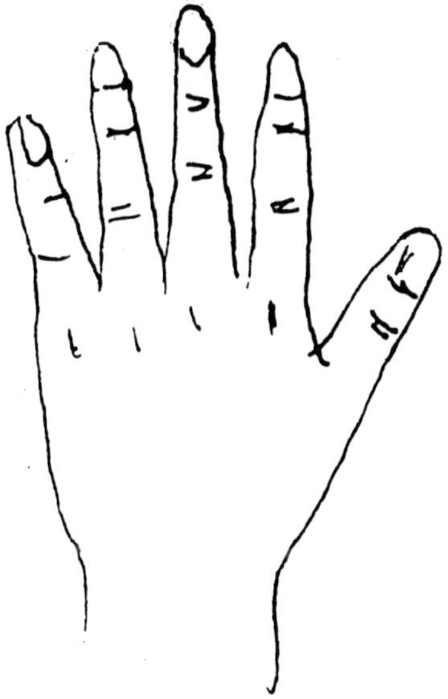

⑺、竹刀型

4.適合政治、技術、文學方面或其他都可以。

5.此型手先天免疫力很強，抗體比一般人強，就是生病也會康復比一般人快。

1.指尖端有如竹刀般寬厚而平坦，其厚度適中，具有彈力，露骨起角，拇指強硬，不易屈曲。

2.不喜蓄財，超然物質之外，精神好，富忍耐力，有獨立精神，不易為感情控制。

3.機警多智，謹慎好學，喜怒不形於色。此種掌型，以知識份子較多。

4.這種手型富於研究，愛好文學，擅長分析事物。

5.需注意心血管循環系統的毛病，如腦中風、心臟等症。

五、掌中其他各種紋符號與六大行星

一、島形為凶徵之一。現於丘上或線中時，即能破壞該丘或該線之價值，惟兩大線相連，而偶成島狀者，不在此例。

二、網形為凶徵之一，現於丘之上，即將該丘美質破壞。

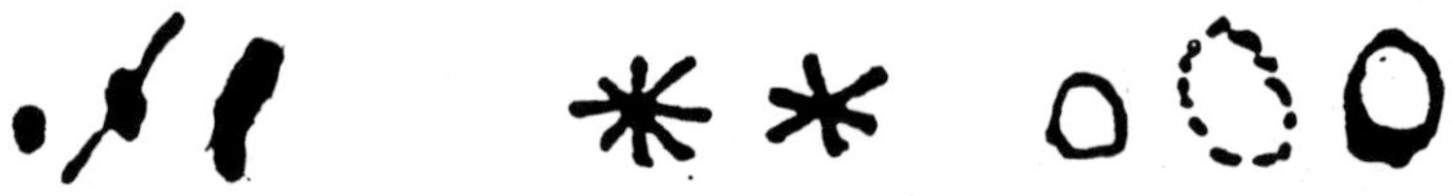

三、圓環現於太陽丘為吉徵，除此之外，均屬凶徵。

四、花星有良惡之別，居於生命線或理智線上，但屬於凶徵，其餘多屬良好。

五、斑點現於某丘或其線之上，表示該丘或該線之美質，暫時遭到破壞。

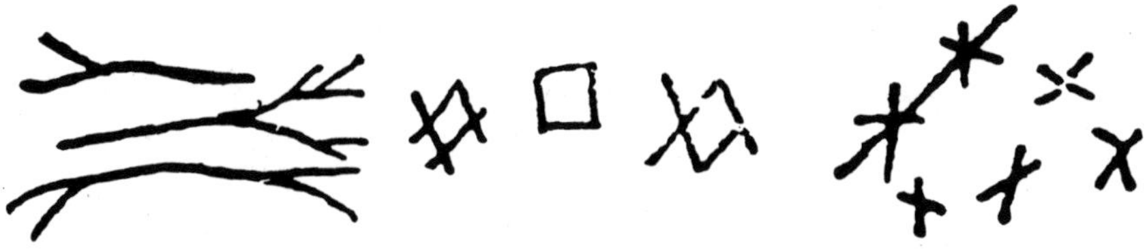

六、十字形為凶徵之一，除現於木丘上者，表示吉兆外，其餘俱屬危險性之表徵。

七、方形為良好之徵，富有保護之意義，實為逢凶化吉的符號。

八、叉線本屬良好，乃有加強該線之意義，如見諸理智線或婚姻線等之末，則有破壞之意義存在。

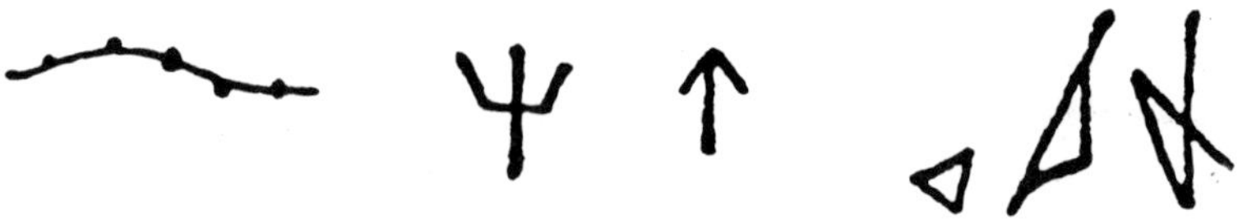

九、三角形為良好之徵，富有增加力量的意義，大致以獨立而成三角形者為最優，以各線併合而成者次之。

十、三叉鋒形有良惡之別，上升者吉，下垂者凶。

十一、斑點線為不吉之徵，表示在該斑點出現之處，健康將發生障礙。

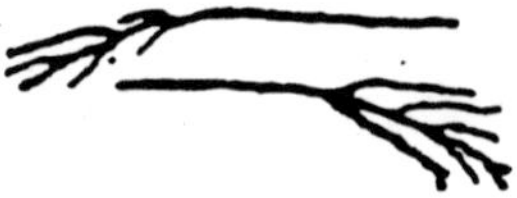

十二、流蘇線為不吉之徵，富有破壞或減弱力量之意義。

十三、斷續線為不吉之徵，其線中斷，或半途消失，表示失敗；惟一線未停止前而另一線旁起時，則表示有所改變，而不致於失敗。

十四、浪形線為不吉之徵，表示素質不充實，欠缺堅定。

十五、附有方格之線，表示當該線達生障礙之期，得此方格拱護之，而致化險為夷。

十六、姊妹線為良好之徵，其線旁生姊妹線時，則增加該線之勢力。

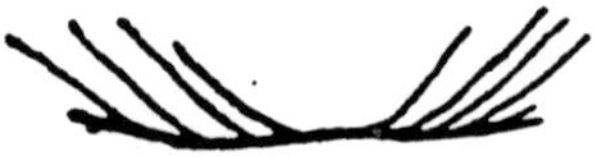

十七、上升線為良好之徵，具有增加其勢力之意義。

十六、島形線為不吉之徵，某線藏有島形，表示該線之勢力遭受破壞，而引起不良之後果。

十九、下垂線為不吉之徵，具有破壞或減弱其勢力之意義。

二十、叢毛線為不吉之徵，具有破壞或減弱其勢力之意義。

二、鍊形線為不吉之徵，具有破壞或減弱其勢力之意義。

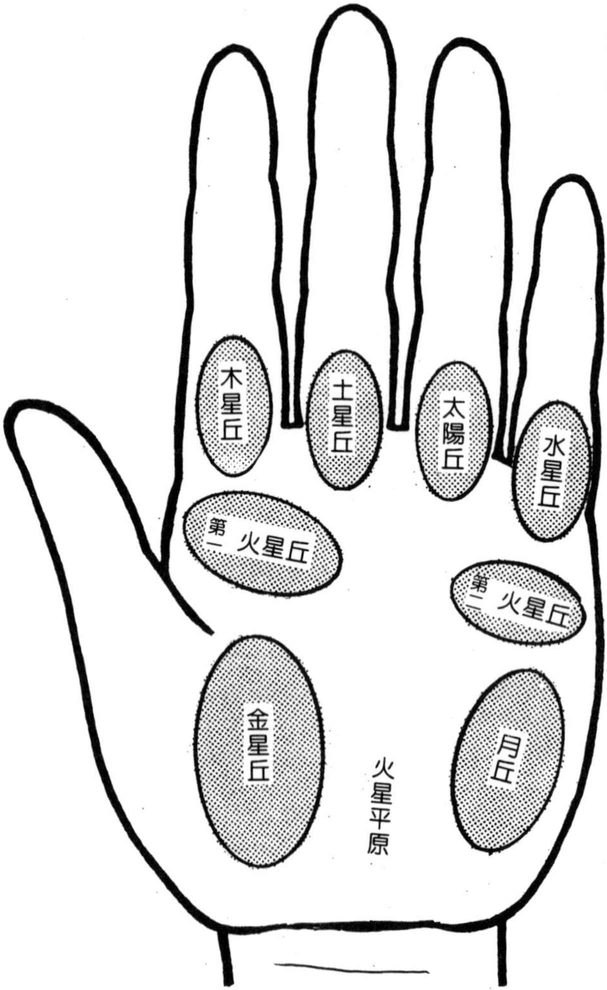

圖　掌中六大行星

六、旅行線的研究

旅行乃遠行之意，或求財求名而遠行者，若問此行吉凶禍福，則全賴旅行線之氣色變化以定行止，千萬不可強也。請參看健康線及面相之驛馬宮，則吉凶可決，絲毫不爽。

茲將旅行吉凶之幾項秘訣，特錄於後：

一、旅行線部位呈紅色，必須特別明顯。

二、健康線部位出現細紋。

三、面相驛馬部位浮脹。

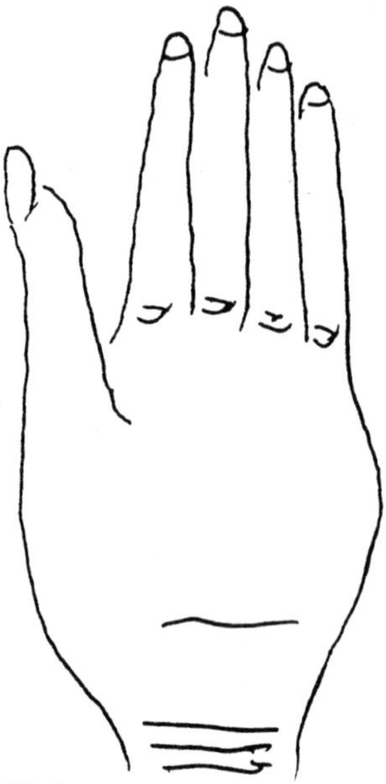

圖 1

一、旅行線越長，則表示出國的目的越遠。

二、旅行線要清秀正直，不衝、不彎、不斷、不折為上相，處處平安。

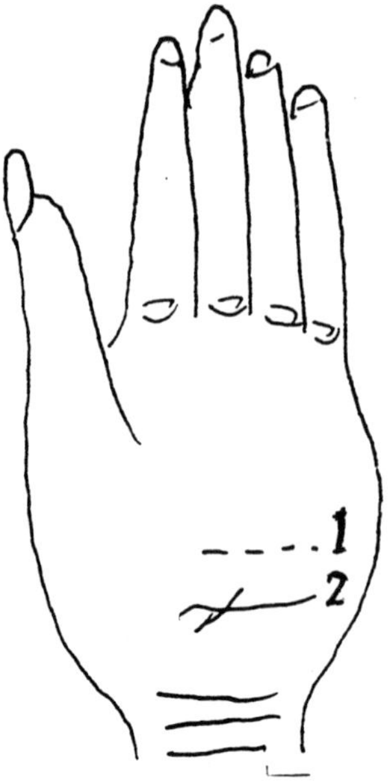

圖 2

一、旅行線斷，表示中途可能有阻礙，此線位色不佳者尤甚。

二、旅行線出現阻礙紋，主欲出不得，或中途有阻礙，須配合掌色參看。

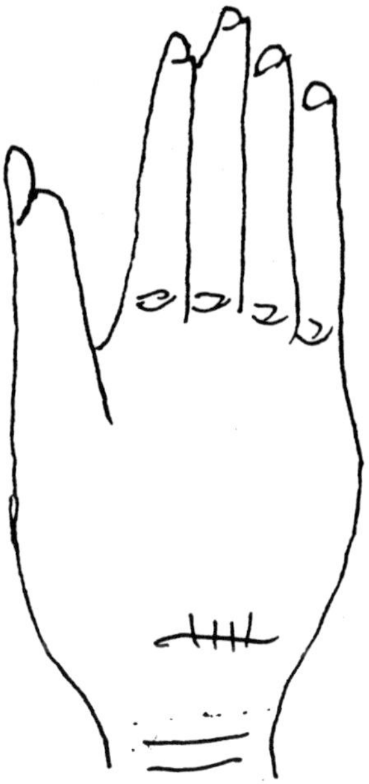

圖 3

一、旅行線部位散亂或出現島紋，見坎卦呈青黑色及面相地閣烏黑，主水路恐有危險，不利坐船。且途中諸事不順。

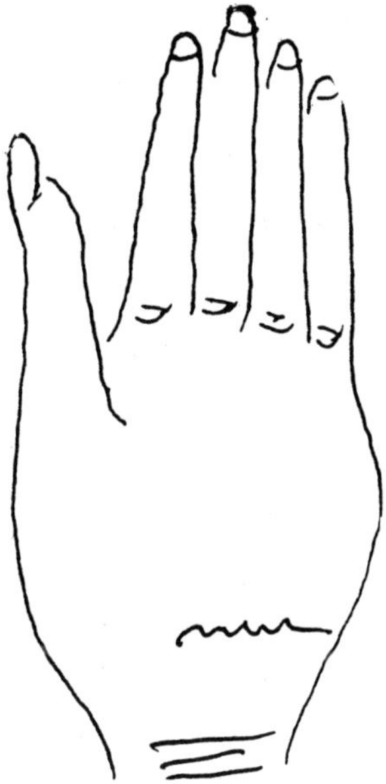

圖 4

一、旅行紋彎曲者，主他鄉流浪。

二、旅行紋部位散亂，色澤不佳，面部鼻梁準頭呈赤黑色者，主不利陸行，恐有車禍。

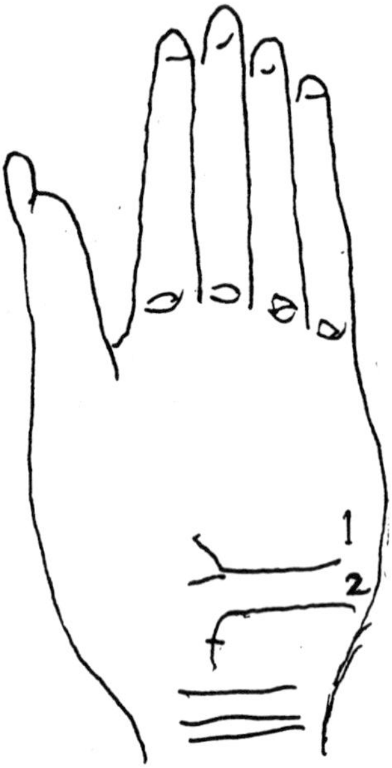

圖 5

一、旅行線分叉，表示易地而行。

二、旅行線入坎宮者，表示一生不利船行。

七、理財紋的研究

理財紋者，主發橫財及偏財（如樂透、彩券）之獲得。有理財紋的人，掌握經濟大權及銀行事業易於成功，宜服務金融界及財政事務。

理財紋與面相的關係，鑑定手相之理財紋，宜配合面相之鼻，準頭及上唇部位參看。

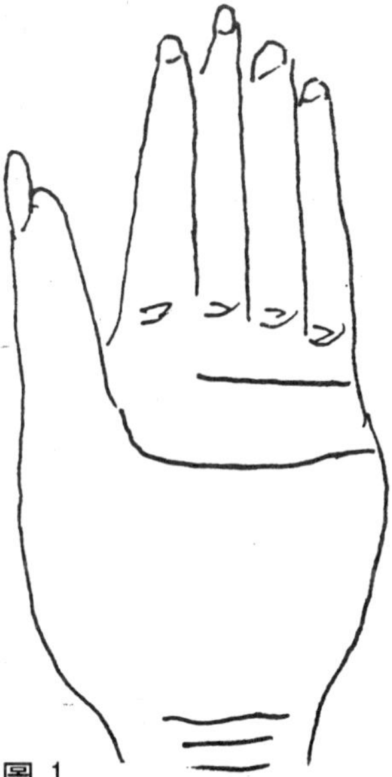

圖 1

一、理財紋明顯，至理財成功，其人偏財必多，慷慨好施。

二、理財紋明顯之人，應鼓勵經營工商企業賺取外匯。提高國際地位。（註：理財紋是感情線的補助線。）

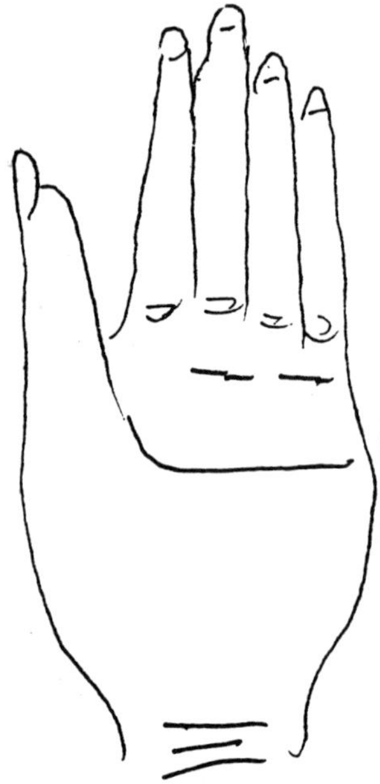

圖 2

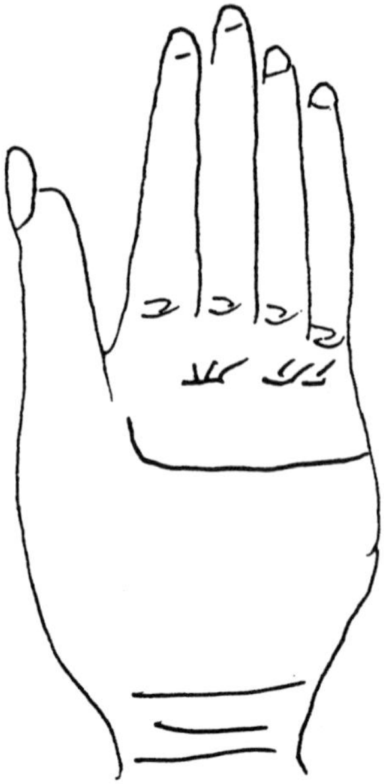

圖 3

一、理財紋中斷者，表示其人過於慷慨好施，以致不能存錢。

一、理財紋線紋彎曲，且其面相鼻小（鼻為財帛宮）者，不能納儲財物，生活比較艱苦。

二、如得偏財，反蒙受意外損害。正如命理上所謂：「財多身弱、小船不可重載。」拾得物品也必須拋棄，因命不勝財也，否則，將遭覆舟之禍。

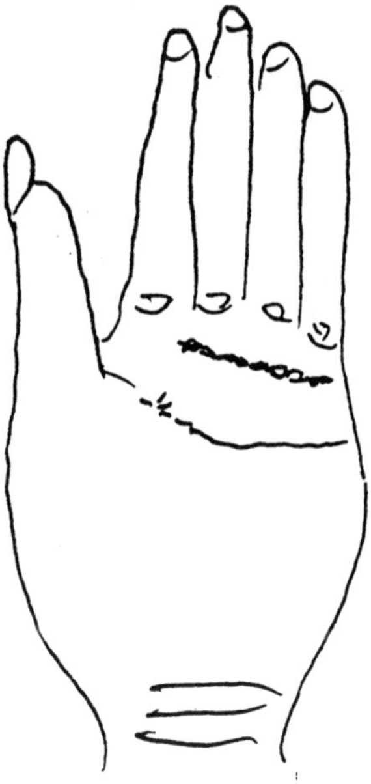

圖 4

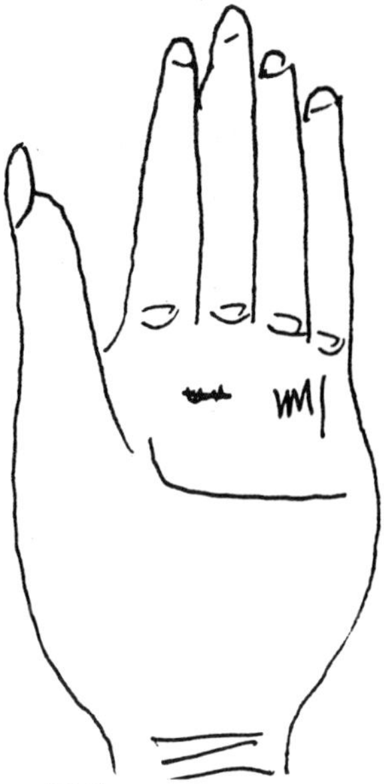

圖 5

一、理財紋如鎖鍊狀，主貪取不義之財而觸犯刑罰。

一、理財紋斷亂交加，面色晦暗，又見掌中食指下方巽卦出現青紋，主為錢財事煩惱。

八、事業光芒線的意義

事業光芒線是在震卦部位觀察之，震卦在東方，五行屬木，四時為春。是象徵旭日東升，光芒萬丈，具有花團錦蔟，萬紫千紅之妙。又如內心的喜悅，容貌之微笑，充滿著人間的希望。

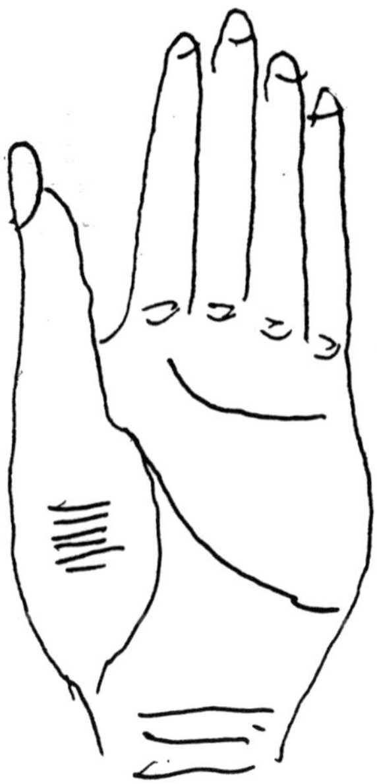

圖 1

一、此紋平常不出現，若手掌色質紅潤，再見此紋出現，則表示此人正計劃創造新事業，且貴人協助順利成功。

二、若掌中色質青暗，此紋雖出，反表示此人雖盡力創新事業，但力不從心，鮮有成就。如再見巽卦財帛宮呈現青紋，則有破財之災，學者宜審辨之，三思而言以免失誤。

九、懸針紋的作用

懸針紋是貴人紋的一種，略有三種以上之作用：

1. 表示兄弟多寡。
2. 大家之共同生活。
3. 彼此和睦情形。

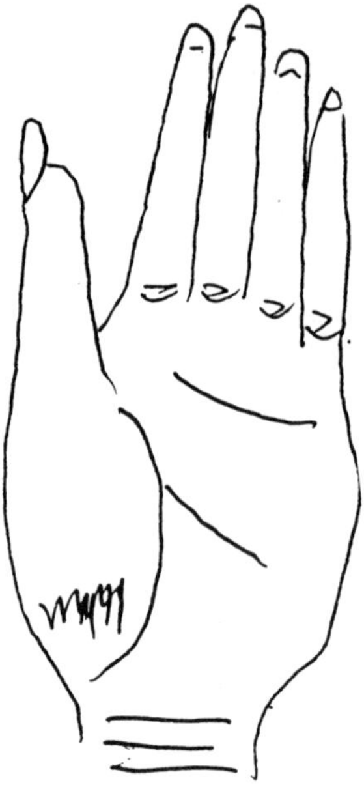

圖 1

一、懸針紋多而複雜者，多屬排行最大或最小之兩端。

二、懸針紋多者，在職業分類上有醫學方面的天才及雕刻工藝之才能，懸針紋多者，其拇指及

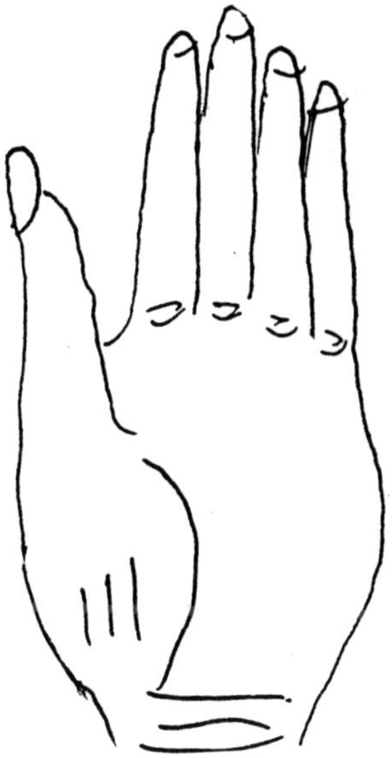

圖 2

手腕運動自然靈活。其人大都生長在小康之家。

三、懸針紋又稱「貴人紋」懸針紋多者，一生逢凶化吉。

一、懸針紋少者，兄弟寡緣，宜配合面相眉間之兄弟宮參看。

二、職業分類：懸針少者，可需併於雙手萬能的技工範圍論之。

十、小人紋的意義

小人紋乃暗示他人對於自己的一切言行都有嫉忌、阻礙與打擊的一種紋路。小人紋的出現，表示目前的工作、事業、婚姻、家庭等正迫受別人的破壞。也可能引起無理取鬧的糾紛或訴訟的一種紋路，是一種操心、煩惱的不良紋路。

如發現手上出現小人紋時，希望切記不可替他人擔保錢財及法律上各種證明之事件，以免有破財、累訟等意外災病。附圖於後：

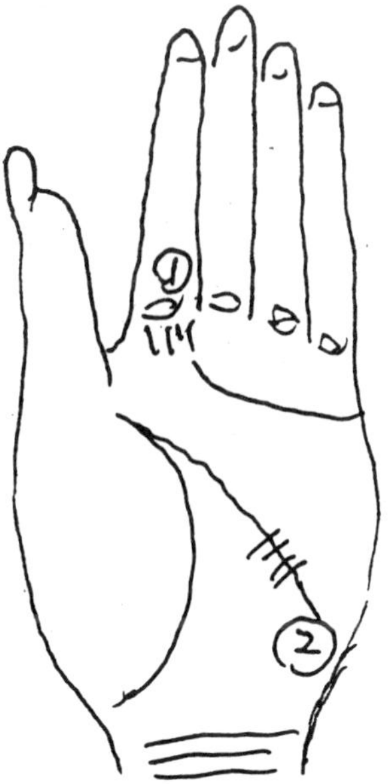

圖 1

一、小人紋出現的位置，在手掌中有兩處：①在食指第三節即巽卦部位之上端。②在智慧線末端。

二、以上兩處任何一處出現細紋，再見掌色青黑暗淡者，表示此人目前正遭小人妒忌與怨恨己之才能勝於彼也。宜配合感情線、事業線、生命線參看，請細心體會。

十一、健康線之研究

健康的定義：乃機能健全，身體強壯，持久耐勞而不露疲態之謂。與健康相反的名稱：曰：傷患。茲將十天干的疾病分述於後：

(1)、甲、乙五行屬木。甲膽乙肝疾病之方法：

1. 眼睛黃烏者。
2. 指甲下壓會疼痛者。
3. 掌中震、艮卦位呈青，黑色者。（註：大拇指之內。）

(2)、丙、丁五行屬火。丁火心臟疾病之方法：

1. 體型肥胖者（肥胖者或有患心臟病，但不一定胖子都患有心臟病）。

2. 額頭烏黑或赤黑者。

3. 指甲高低不平者。

4. 感情線多島紋者。

5. 掌心明堂紋路複雜者。

(3)、戊、己五行屬土。戊胃巳脾疾病之方法：

1. 健康線成斷續狀者，主消良不良。

2. 面相年上、壽上、兩額及淚堂部份呈赤色者。

3. 指甲高低不平者。

4. 臉型多紋瘦弱者。

(4)、庚、辛五行屬金。庚大腸辛肺疾病之方法：

1. 指甲發亮。「肺」
2. 左觀赤黃。
3. 鼻骨高隆。
4. 健康線出現許多島紋。

(5)、壬、癸五行屬水。壬膀胱、癸腎疾病之方法：

1. 地閣烏黑。
2. 耳之命門部位呈青色。
3. 眉毛黑長，淚堂部位呈青色。
4. 掌中乾、坎宮呈紅色者。

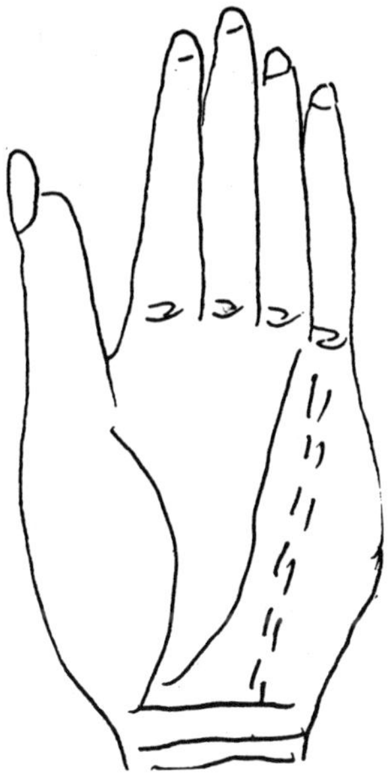

圖 1

一、健康線明顯者，表示一生有多次出國之機會（配合旅行紋參看）。

二、健康線部位出現細小紋路者，表示此人或親人將有遠行之機會，紋路越明時間越近。

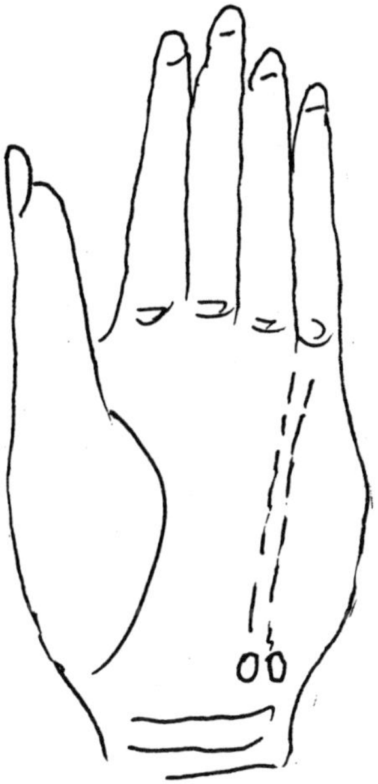

圖 2

一、健康線下方見細小島紋，又見細小之健康線出現，表示近期將有居住在國外的戚友前來相見。島紋在下，戚友來找你，島紋在上，你去找他。

十二、生命線的流年法

生命線的意義：象徵人生之旅程，得志者如破竹之勢無遠弗屈，失意者則破車罷馬倍極顛倒，生命紋代表人生之活力。以粗、壯、長為優秀。

一、以七歲為基數，在掌內指第三線端每拇指第二線端畫一斜線，此斜線與生命線相交點為三十五歲。

二、再將生命紋，一般平均畫分約十等份，由上至下第十等為七十歲，以此類推之。

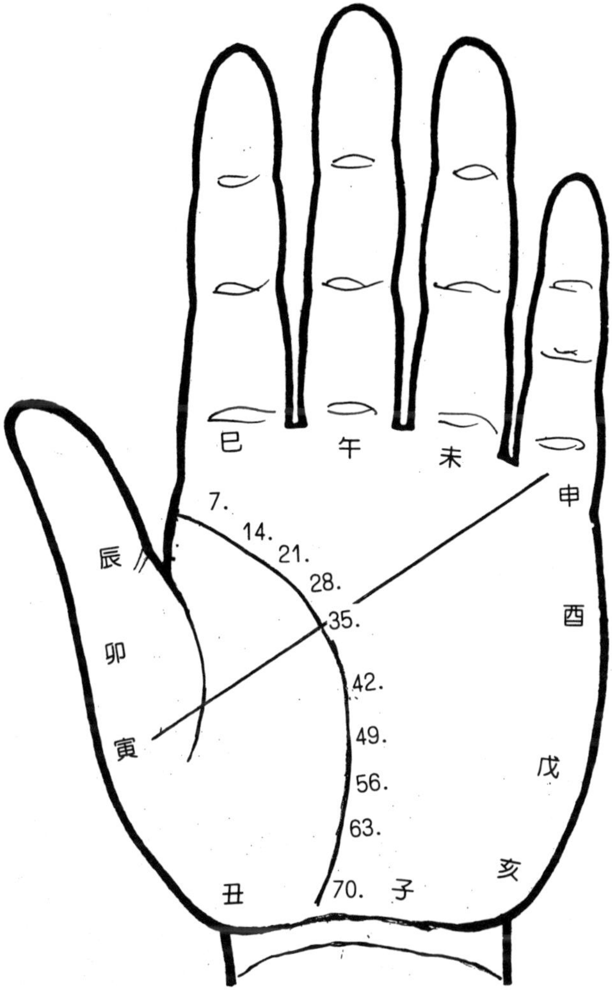
巳
午
未
申
辰
7.
14.
21.
28.
35.
酉
卯
42.
寅
49.
戌
56.
63.
亥
丑
70.
子

※生命線的分論

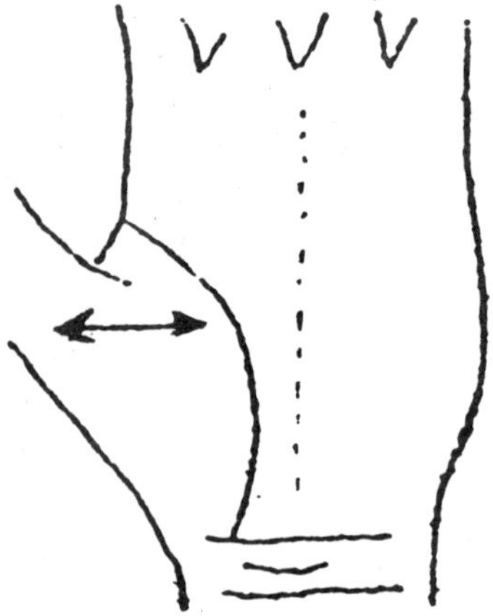

圖1

一、生命紋與拇指掌峰幅度的大小，與其活力、體力有關，幅度大者，代表其生命活力旺盛、身體強健。

二、生命紋幅度狹窄者，自我拘謹，而且尚保守。

三、生命紋幅度大者，是精力充沛、力爭上進、立足他鄉。過大者則勞碌奔波。

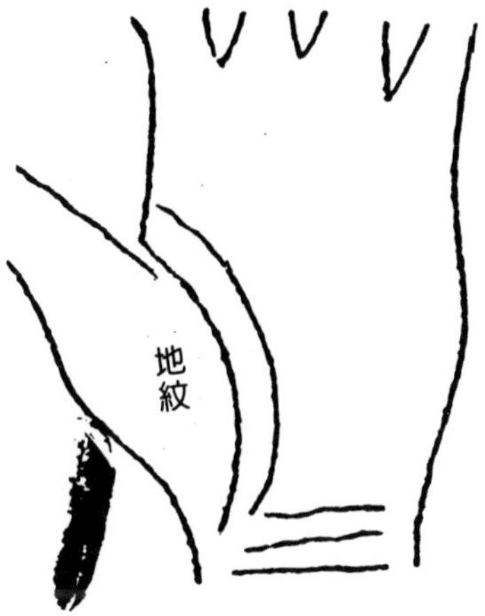

圖 2

一、生命紋兩條特別明顯者，在中國的手相書中記載，是代表此人有二個母親。

二、在西洋手相學家認為，此人的生命支持力特別良好，有天賦保障生命安全的力量，逢凶化吉遇難呈祥，生有這種紋路的人，主好武善鬥，最宜從事軍人、探長、警察、情報員之工作。性情直爽、愛冒險、重義氣。

三、若見眉毛粗濃，再見地紋二條，其人必好女色。

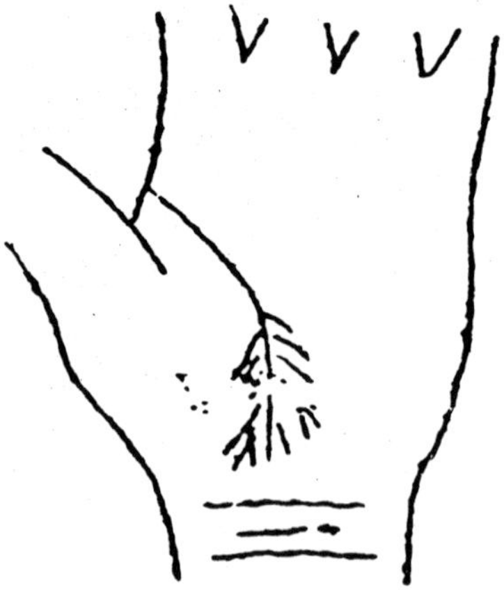

圖 3

一、生命紋之弧度狹窄破財者，均主其一生身體健康方面欠佳，較容易生病。

二、曾經動過手術之人，其健康亦易產生這種現象。若瘦弱女性見之，表示有長期之月經病、子宮病等婦女病。

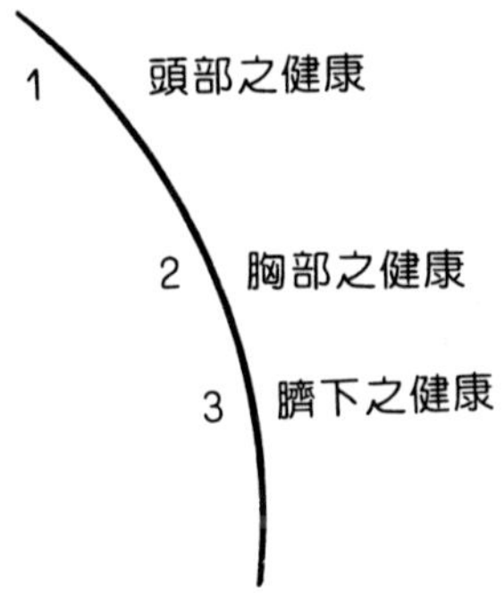

圖 4

一、將生命線畫做三等份：

1.代表頭部之健康。

2.代表胸部之健康。

3.代表臍下各部機能之健康。

二、亦可以將感情線看頭部之健康，智慧線看胸部之健康，生命線看臍下之健康。

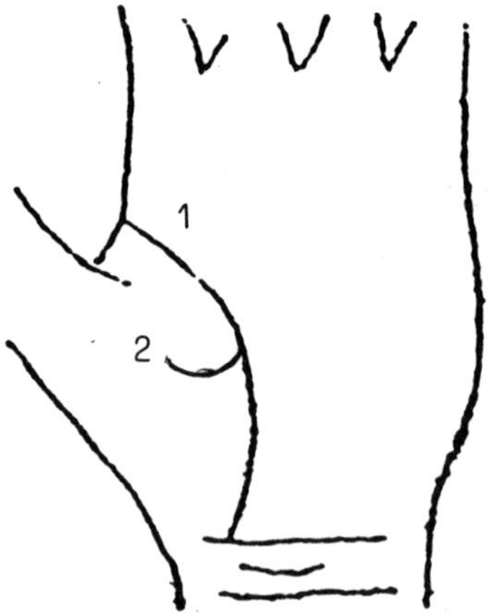

圖 5

一、生命紋上有斑點主有小病，黑斑點主重病，用生命線的流年法推算，就可預知何歲。

二、生命線見鉤者主有意外災禍，如無內生命線保護，必死無疑。

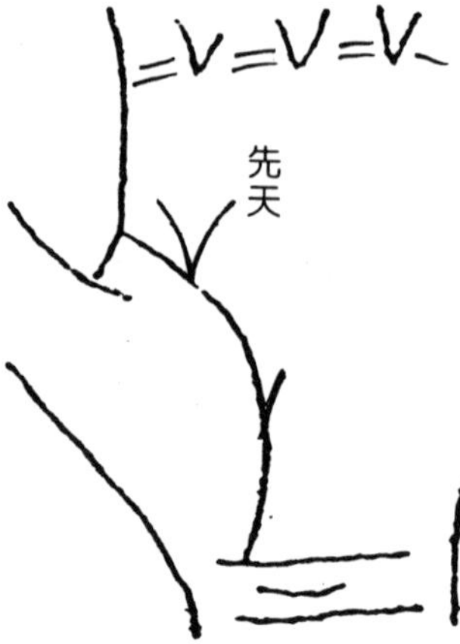

圖 6

一、生命線上有翅起飛之野心紋出現，表示此人有事業野心，而獲發展之機會。

二、野心紋的出現，表示此人有駕馭他人之領導才能，其個性喜歡活躍。

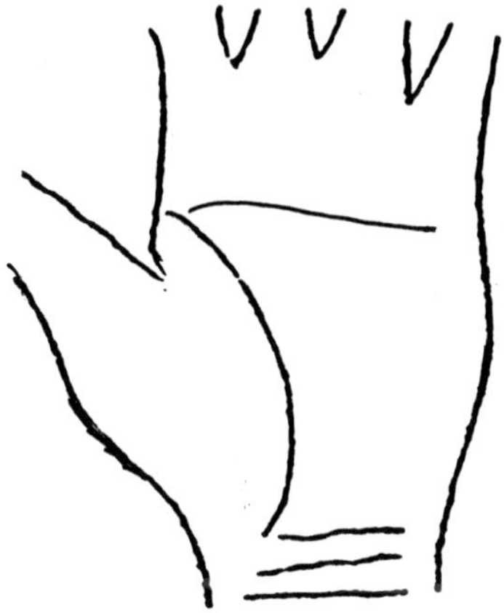

圖7

一、生命線與智慧線若不相接，在中國手相書上記載謂之「夫婦緣遲」，因此，婚姻較遲而相當應驗，若早婚恐有再婚之可能。

二、女性若有此種掌紋，除代表婚姻較遲外，亦主與丈夫非常有作為。

三、有此種手紋之男性，大都在三十五歲左右才能成家，女性亦在二十八歲以後方能成家。

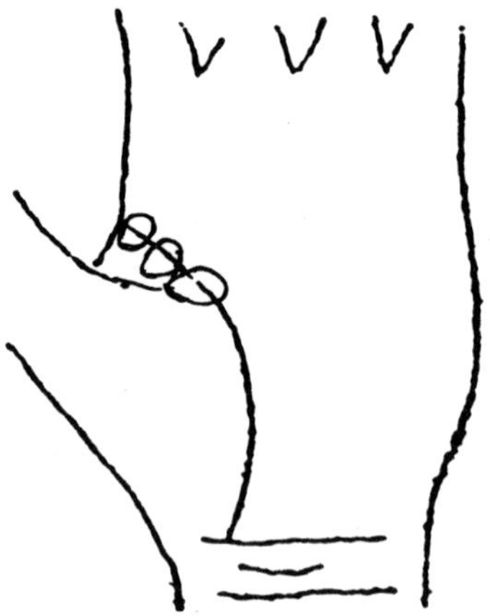

圖 8

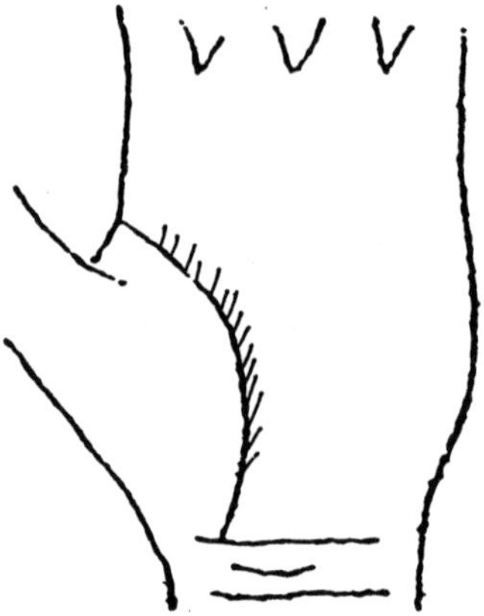

圖 9

一、生命線開端成鏈鎖狀或島形的人，表示此人幼年體弱多病（在配合生命紋流年法參看可知何歲）。

二、此種手紋的人，多為神經質型之人喜幻想而不重實際。

一、生命線有許多細小往上翅之小紋，表示此人好管別人的閒事，非常應驗。

二、婦女若有此紋，除好管閒事外，亦有變成長舌婦之傾向（配合教育水準高者少，低者多）。

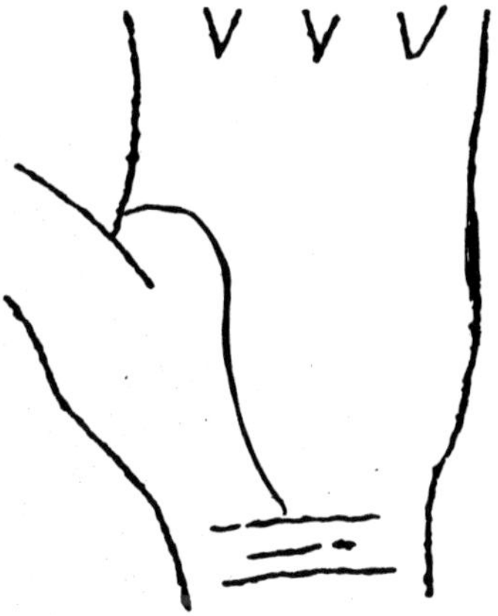

圖 10

一、生命線往外溜，注意異地壽終。

二、生命線的好壞，除代表自身健康之外，尚代表其人母親的品性。

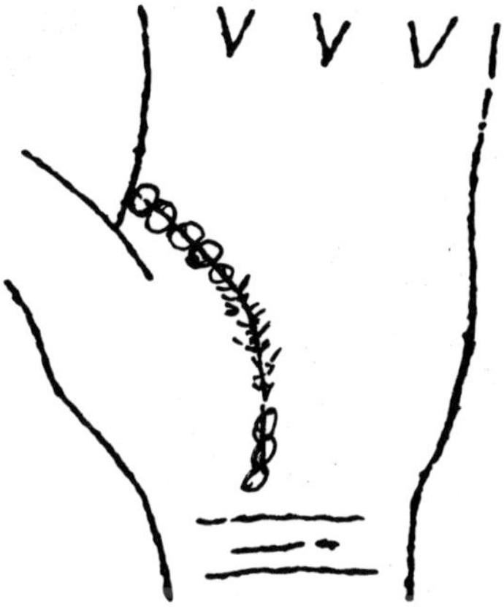

圖 11

一、生命線上有鏈狀、島紋或橫紋，都是代表當年一切不順利之事，在錢財事業，健康或家庭上，要提防發生意外之不幸（配合生命紋流年觀之）。

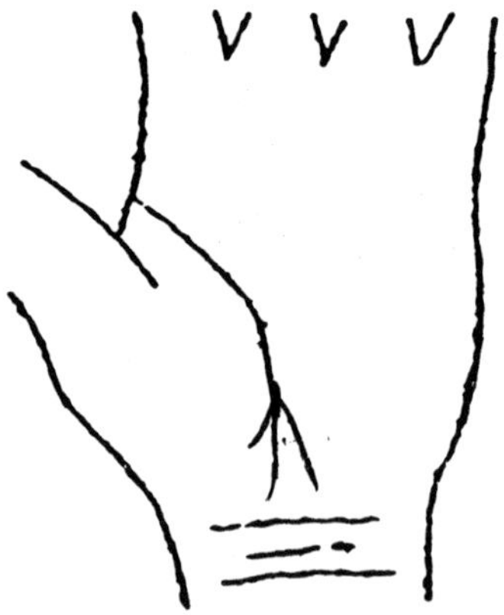

圖 12

一、生命線末端有分岔紋者，代表此人當年在健康上或生活方式的一種改變（如女性中年之更年期即是一種）。

二、另有一派手相學者，認為分岔紋的出現，可以斷其排行。如分岔紋二條，而斷其排行老二。

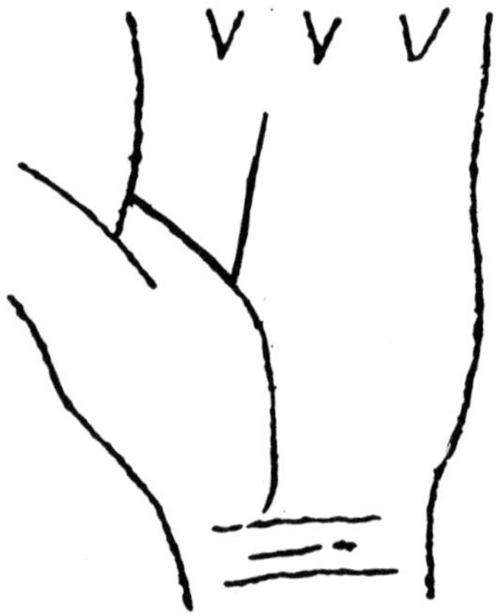

圖 13

一、生命線向上翅之直線，代表此人在某年間，事業開始成功（配合生命線流年法參看）。

二、女性見之，表示當年開始有幫夫之運，丈夫事業因其協助而成功。

十三、內生命線的研究

內生命線的主要功能，是加強生命線的力量，亦充分補助其人長時間工作活力的一種象徵，使不致感覺過度疲倦而立即不支。一分精神一分事業，如大企業家之成功，若精力不充沛，怎能領導公司，思想不冷靜，豈能「運籌帷幄之中而決勝千里之外」。

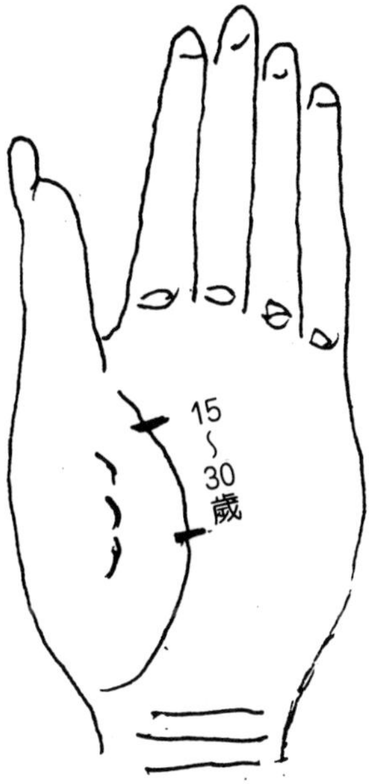

圖 1

一、內生命線在生命線上的某段出現，即表示在此歲月中其生命力特別旺盛並且安全。

二、內生命線如出現在其人十五～三十歲之間，則青年時代雖遇

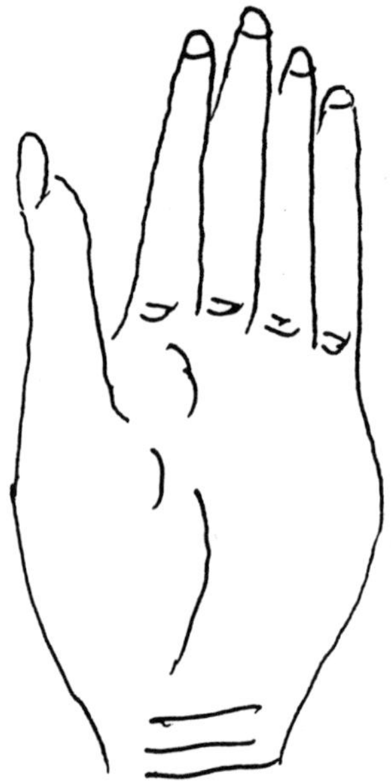

圖 2

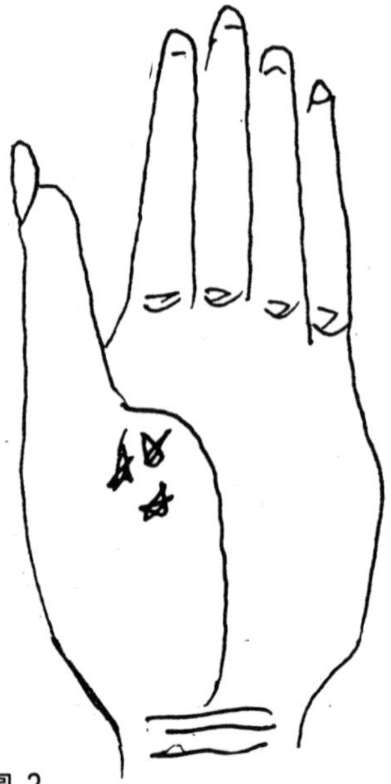

圖 3

凶不凶，而逢凶化吉，且生命力旺盛。

一、生命線上斷裂處，乃指其人遇險而死之時間，如有內生命線在旁拱護，則有驚無險順利過關。

二、又有一說：內生命線之產生是由於祖上積德而來的。

一、生命線有將星出現者，則必有將略之才，為勇敢善戰殺敵之殊勛。

十四、腕紋的代表性

1. 腕紋代表健康程度及年齡的屆期。
第一條代表：一～二十五歲。
第二條代表：二十六～五十歲。
第三條代表：五十一～七十五歲。

2. 腕紋何段不佳，則表示何年代健康欠安，須配合生命線研究之。

3. 腕紋欠佳，生殖器官也多患疾病。婦女恐有內臟受傷，難於生育之虞。男性則多排泄器官有暗疾。

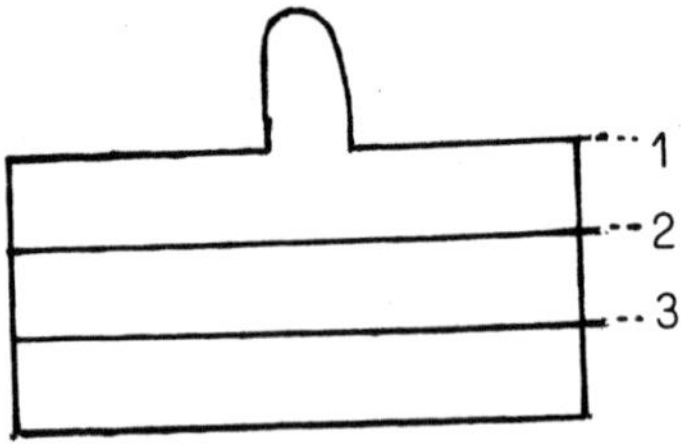

圖 1

一、第一條腕紋隆起成拱頂形者，男女均主二十五歲以前生子很難。

二、本身健康不良。

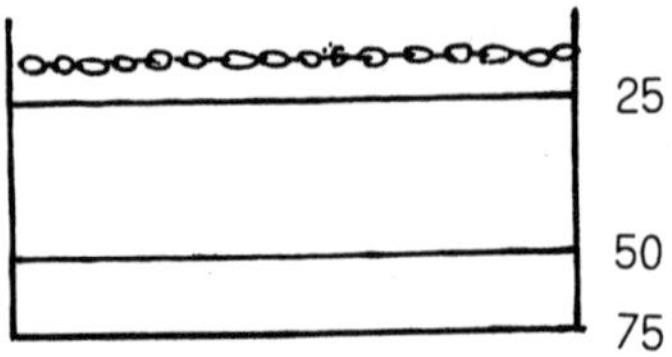

圖 2

一、第一條腕紋成煉狀形，男女均主二十五歲以前病魔糾纏，工作不如意。

二、婦女則多患婦科病，男人則有遺精、夢洩之病。

三、男女均主生殖器官之暗疾。

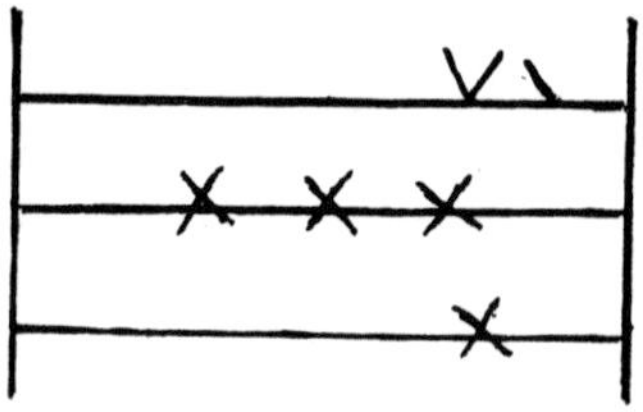

圖 3

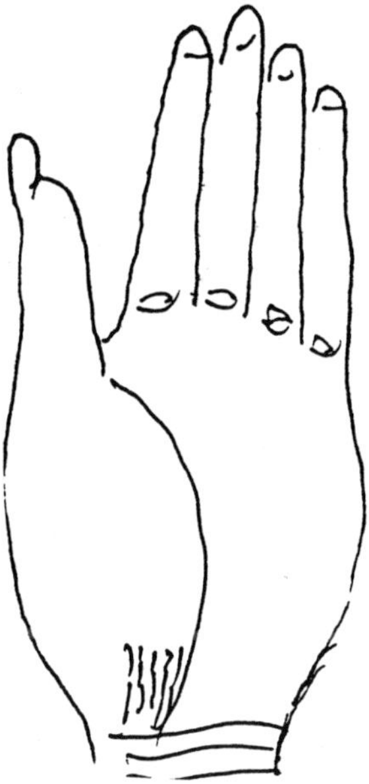

圖 4

一、第一條腕紋出現阻礙紋，表示二十五歲以前曾動小手術或一次受利刃之傷。

二、第二條腕紋出現叉紋者，表示五十歲以前曾赴手術台動過相當大的手術。

三、第三條腕紋出現叉紋者，表示七十五歲以前健康不良。

一、生命線末端細紋複雜者，代表患有痔瘡或暗疾。

十五、婚姻線的意義

所謂婚姻者，用周公之禮，男大當婚，女大當嫁，聯兩姓成年之子女，受依民報第九百七十二條（婚姻應由男女當事人自行訂之）。因其情投意合，並徵得雙方家長同意，乃擇吉合巹而飲，另組織新家庭，生新分子，志願其負生活之責任也。夫妻居其中而行上下之義務，對上，養老送終，供奉祭祀，慎終追遠，斯民德歸厚道。對下，繁延族類，傳宗接代，子孝孫賢，期為祖宗爭光。

婚姻為人生終身大事，可見婚姻紋之好壞，對個人婚後的生活相當重要，若鑑定其人宜早婚或遲婚，及婚後的幸福與否，茲擇十條要點附圖說明於後：

婚姻線的流年法：如左圖

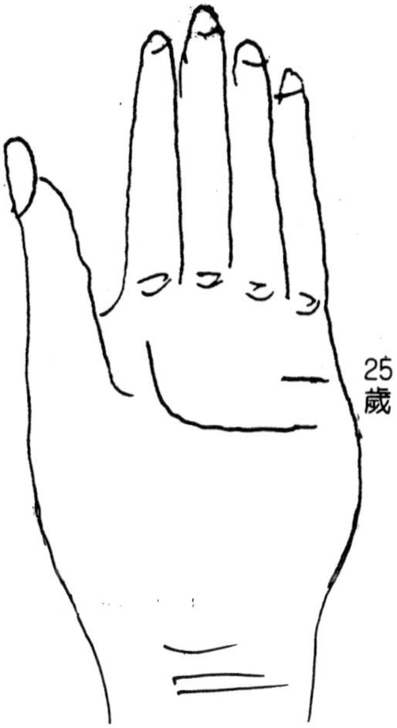

一、以感情線及小指第三節之中間為二十五歲。靠近小指者，表示婚姻越遲。

二、除婚姻紋之外，其中指、小指、魚尾紋也是男女宮等各部位之優劣，亦有密切的關係，必須配合兼看，不可忽視。

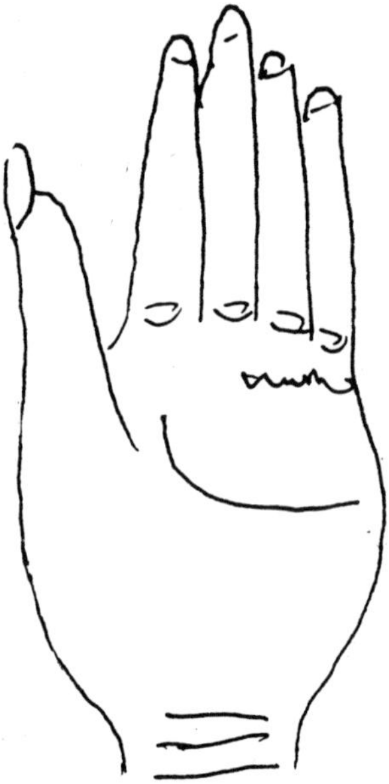

圖 1

一、婚姻線如蛇狀，而眼又帶桃花者，恐有私奔之情，其婚姻關係不一定是正娶。

二、可能是從簡化婚姻程序，逕採戀愛方式而併居者，斯道也合「內無怨女，外無曠夫」之苦情，如聞其言，則惟有同情，殊不可反唇譏笑也，這亦是命定。

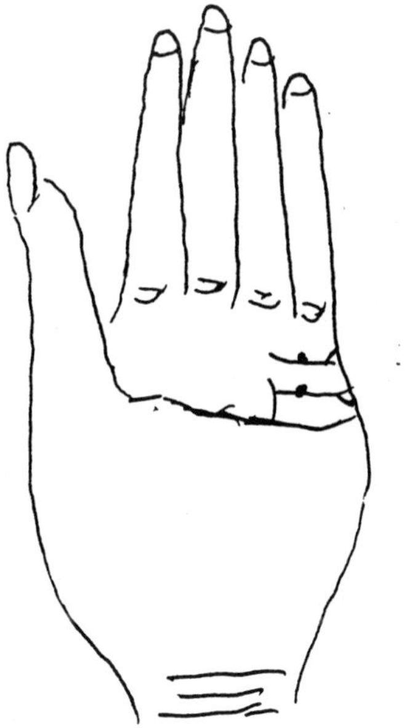

圖 2

一、婚姻紋中間有黑點或阻礙線出現，表示婚姻進行時有阻力。

二、婚姻線末端分叉者，主失戀，或婚後別離。

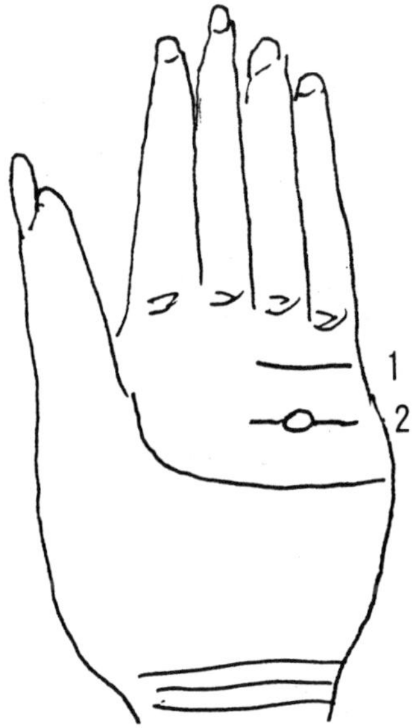

圖 3

一、婚姻線上有數條小豎紋衝破，主婚姻有數度阻力，若此豎線紋係子女紋，則奉「子女之命」結婚。

二、婚姻線見島紋者，主婚姻進行時有口舌，或小人阻礙等事。

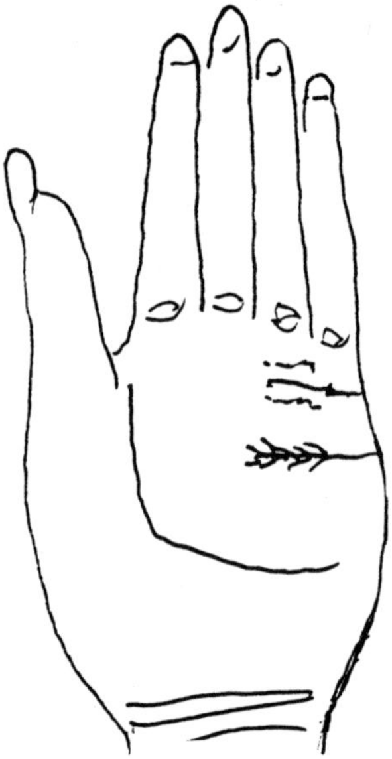

圖 4

一、婚姻線上有細紋如點者，主感情不專，棄舊迎新，或婚姻痛苦。須參看魚尾紋。

二、婚姻線如扇子形者，主婚姻波折或中途離異，感情不佳者，恐有自殺之傾向。

附註：請為具有此紋者多介紹幾種宗教，任自擇其一而信仰之，免遭極端之苦。

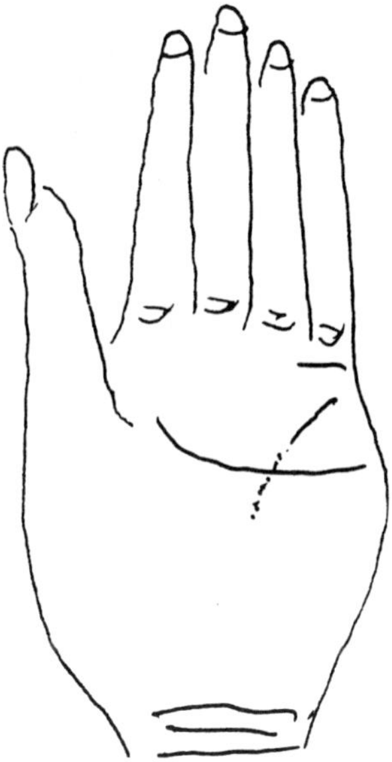

圖 5

一、婚姻線至無名指，再往上彎入者，表示娶妻必得妻財。

二、婚姻線顯然下彎者，表示配偶有意外危險或死亡。

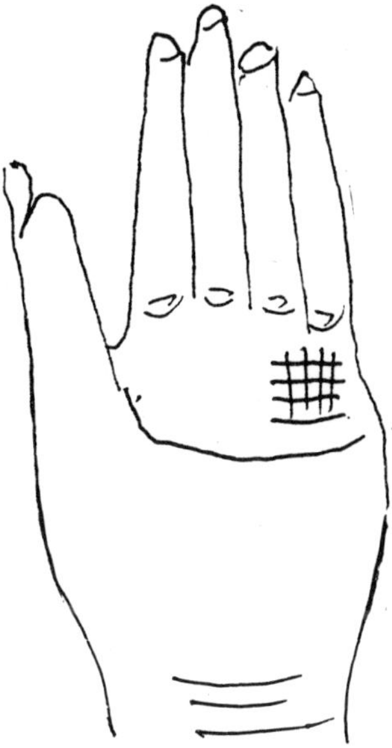

圖 6

一、婚姻線部位佈滿網紋者，表示婚姻非常複雜。

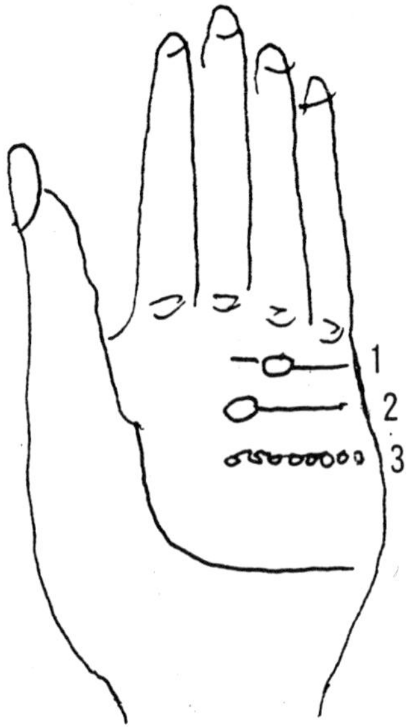

圖 7

一、婚姻線中央有島紋者，表示婚後夫妻中途反目，因而分居或離異。

二、婚姻線末端出現島紋者，表示老年分居或離異。

三、婚姻線滿藏島紋者，主婚姻障礙重重，了無寧日。

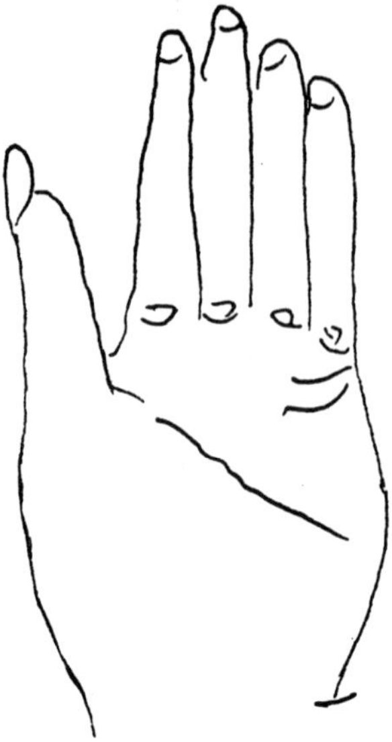

圖 8

一、婚姻線雙條平行出現者，主三角戀愛或婚後尚有艷遇。

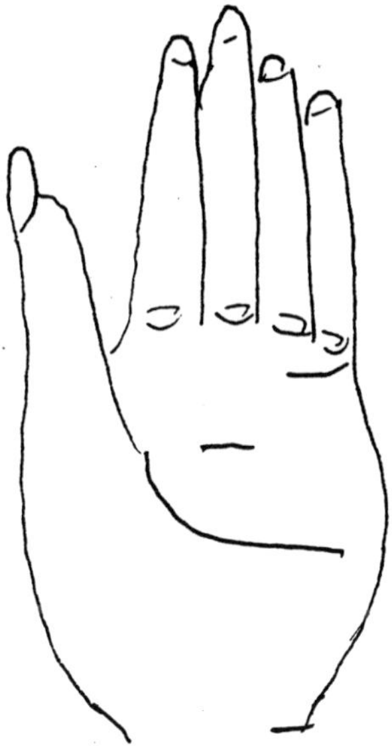

圖 9

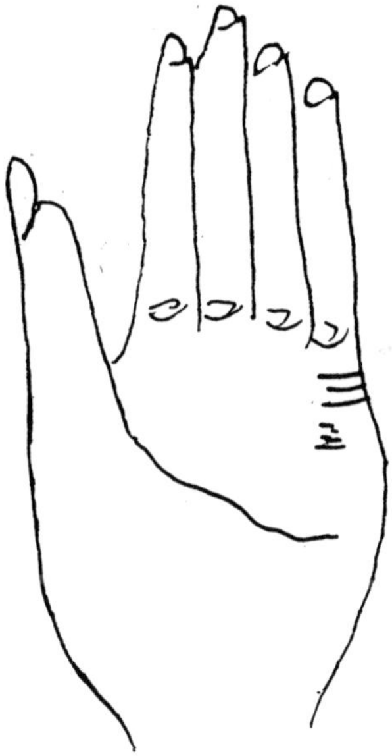

圖 10

一、婚姻線中斷而末端交錯者，主夫妻反目，或破鏡而後重圓。

一、婚姻線多條，主多秘密愛情，或風流成性。

十六、子女紋的意義

子女者我生之謂也。結婚生子做父母，乃延續生命之自然現象，可是生子之後尚有二大問題：「①是養②是教」。所謂養不教父之過，教不嚴師之惰也者，是也。

子女紋的計算方法：小指下方之子女紋，由外向內數，長得明者主子，短而暗者屬女。一長一短是一男一女，二長三短是二男三女。同時注意子女紋本身有無缺點，見叉見亂雖生而難養，暗淡不明縱有子亦無大前程，直線在後者，得子必遲。

子女紋與面相的關係：①淚堂②人中③小指。並配合手掌之子女紋參看，應驗異常附圖於後：

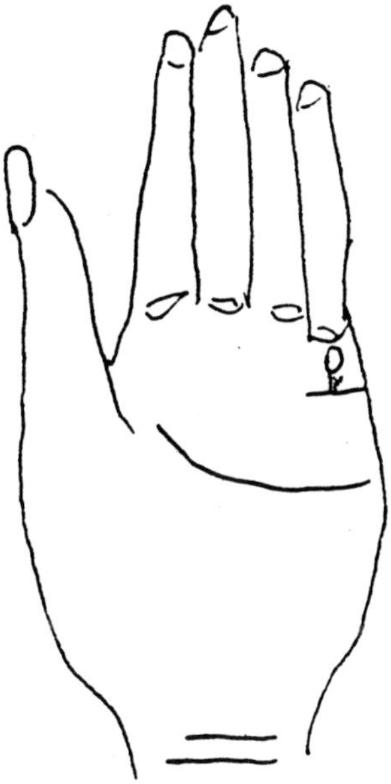

圖 2

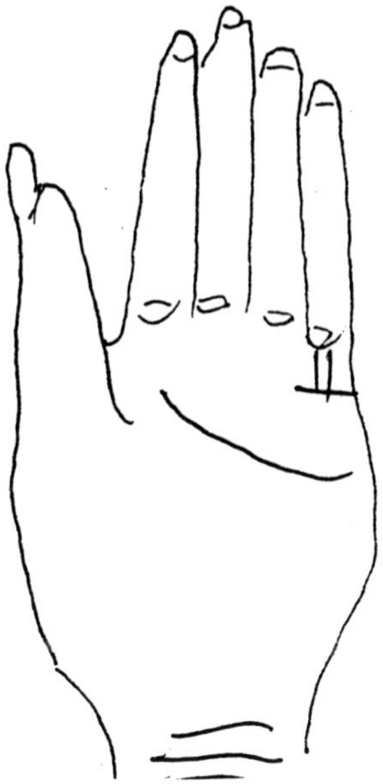

圖 1

一、子女紋的優劣、多寡、不肖與夫妻二人之小指優秀與否，有密切的關係。

二、子女紋長壯者，主生男，精細而斜者，主生女，清秀而挺直者健康，暗淡而彎曲者羸弱。

一、子女紋尾端出現小島紋者，主子女恐因疾病有夭折之虞，不能長大。

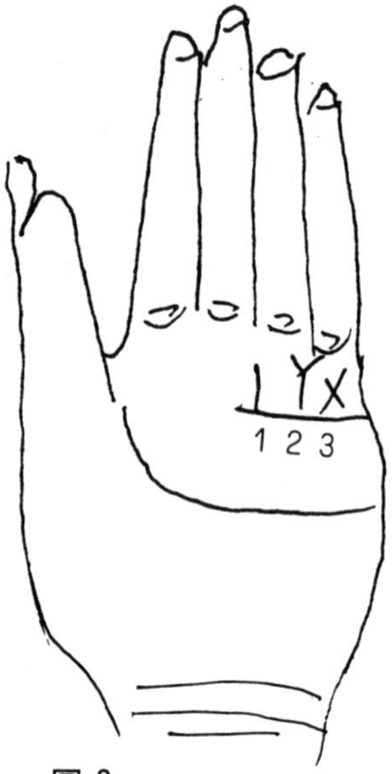

圖3

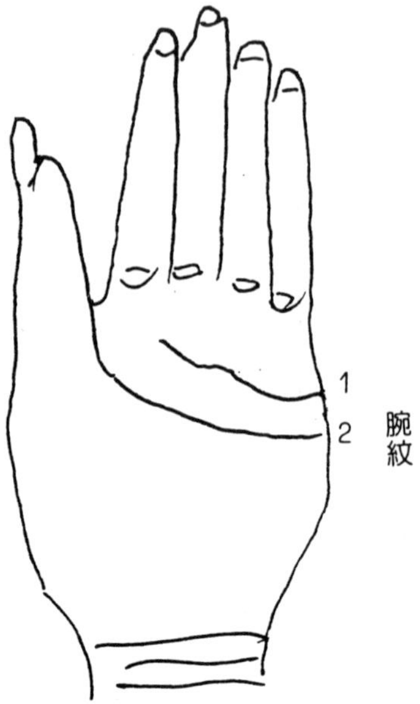

圖4

一、子女紋中有一條特別優秀者，主此子為父母所喜愛，來日必有出類拔粹的表現。

二、子女紋之尾端成叉形者，或許主孿生。

三、子女紋若有其他紋侵害或衝斷者，主子女將來恐有意外災難或危險。（配合青紋參看）

一、小指峰與感情之間的部位窄小者，子女必少。

二、小指峰與感情線之間的部位寬闊者，直線雖少，兒女成群。

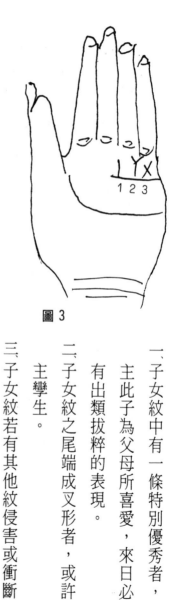

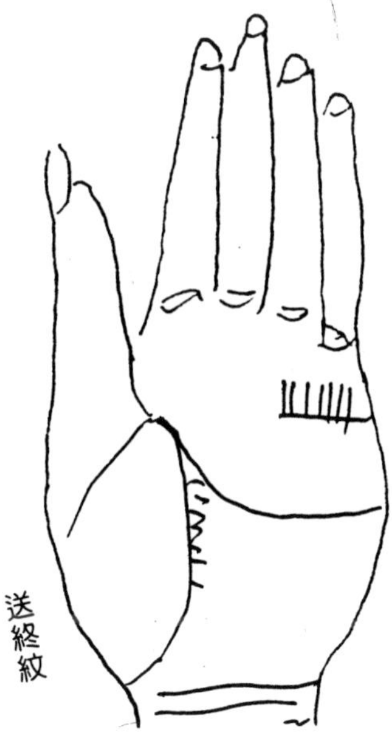

圖 5

一、有的婦女所生育之兒女，超出其子女線上之數額。

二、如子女線五條，而實生出子女為八名，則表示祇有五個子女可養育成人。

三、其他三名子女將有生離夭折之苦，待垂暮之年，子女得環繞左右者，僅有兒女線上所出現的數名而已。

十七、鴛鴦紋與人緣紋的鑑定法

鴛鴦紋在其他手相書中均無詳細的記載。此紋一旦出現，表示男女間已有戀愛之情，非常應驗。鴛鴦紋之所以又稱人緣紋者，因為宮位相同而紋路略有所異也。

一、人緣紋在兌卦中為平行紋路，若此紋路多色澤鮮明紅潤者，其人緣必佳且受人尊敬。

二、人緣紋佳者，參加民意代表競選活動，為地方排憂，釋難、解紛亂，必能成功。因為人緣

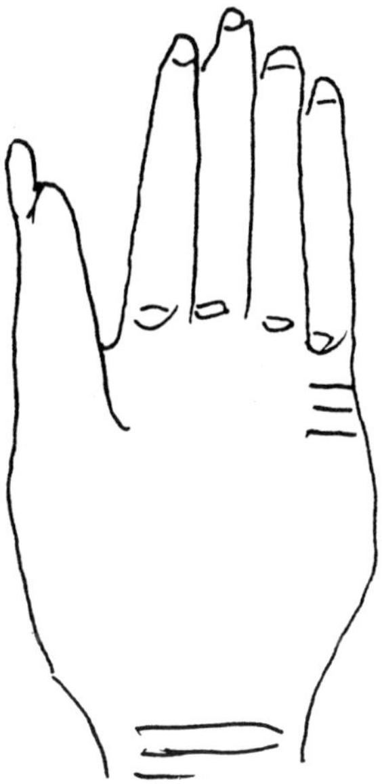

圖 1

在兌卦中象徵喜悅，友善與和藹可親。

三、鴛鴦紋也是出現在手相少女兌卦部位之中，這是兌卦代表少女，此紋專主男婚女嫁之事。在婚姻程序三部進行曲中，其戀愛程序，乃愛情初發時期。其紋路之進化附圖於後：

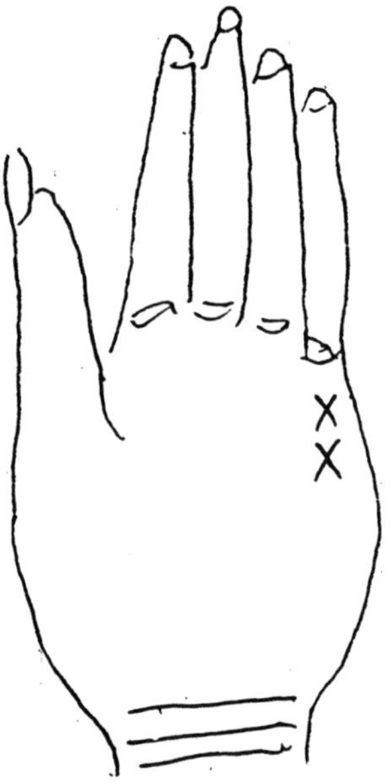

圖 2

一、此紋在初期不易發現，須用放大鏡仔細觀察方能辨解。

二、其變化的現象：在初期是呈現叉形，正所謂「在天願作比翼鳥，在地願為連理枝」。即同心永結的象徵。

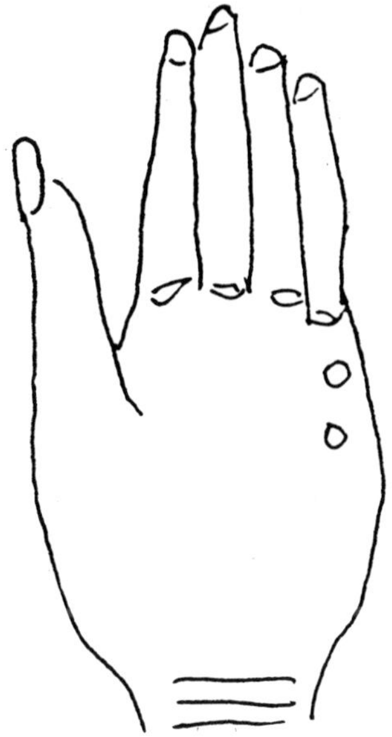

圖3

一、雙方愛情進入海誓山盟，互許嫁娶，堅定不移之際，遂變成圓形，此時可宣告戀愛成熟之期。可互相遣使，徵求雙方家長行使同意權曰：「我倆情投意合，請准許自由結婚」。

二、但必須照例納采擇日迎親，行周公之禮告成，以重人倫之始，婚姻前途圓滿之意。

三、鴛鴦紋之判斷：上方一圈為我，下方一圈為彼，我圈大、彼圈小，是我喜歡他；彼圈大、我圈小，是彼喜歡我。

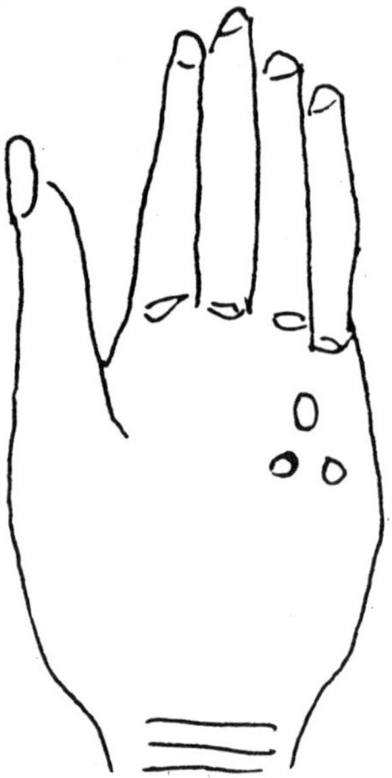

圖 4

一、若見三個圈紋出現，則表示有三角戀愛之事，如上一下二。。。是彼二同性追我異性。如上二下一。。。則是我二同性追彼一異性。

二、若已婚男女再見此紋出現，則必須謹慎處理，以免妨害家庭而造成桃色刑事訴訟的來臨。

十八、事業線的意義與拇指的研究

事業線之流年法

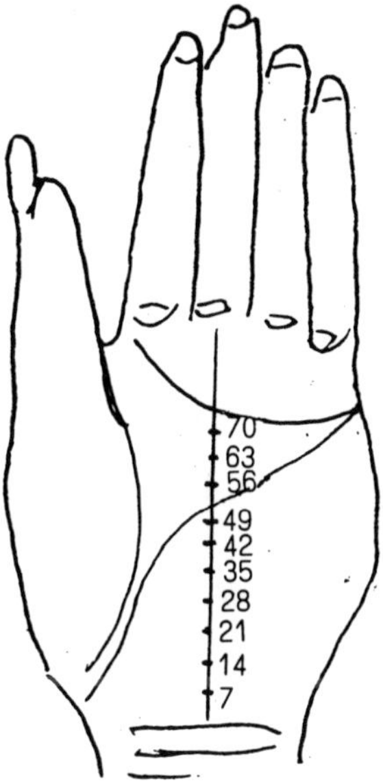

拇指是手指的領袖，事業線乃掌紋中之樞紐，事業線通達者，雖病不敗，事業線逢斷逢衝者，功敗垂成。總之，一生成敗、變遷，均應依照事業線推測為主。

註：事業線亦能作生命線的一種補助。

一、由坎卦至食指的事業線：

1. 表示此人之事業，宜從事專門以營利為目的者。

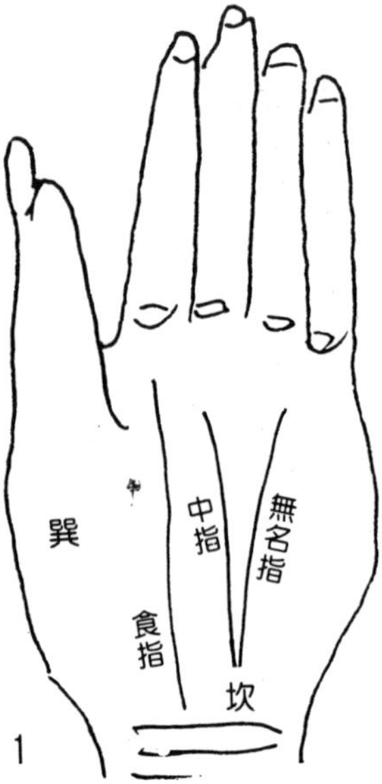

圖 1

2.此種事業線，在工商界必成功快速，早年名聲遠播。

二、由坎卦直達中指的事業線：

1.此為標準之事業線，凡具備此紋者，在士、農、工、商，各界均能成功。

2.此人之事業，於中年得享其名。

三、由坎卦至無名指的事業線：（又名宗教信仰線）。

1.表示其人之事業與宗教有關。

2.此種事業紋路之人，將於晚年始享其名。

註：※晚年成名五十歲※中年成名四

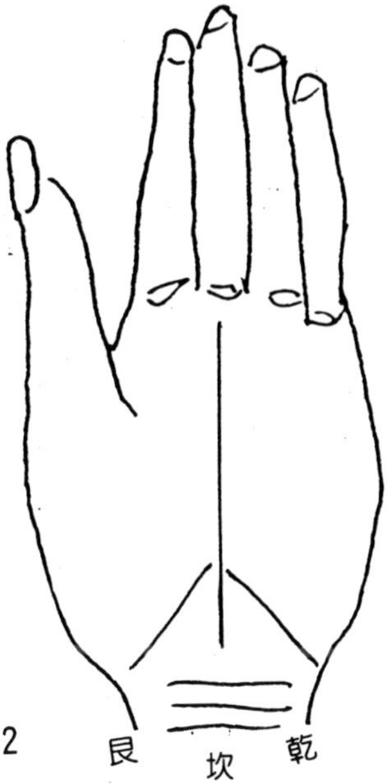

圖 2

十歲※巽卦（財帛宮）。早年成名二十歲。

一、由乾卦上升之事業線：

1.表示其人能繼承父業，或因父執提攜以致事業成功。

2.由坎卦上升之事業線：表示其人因承受祖業或祖上餘蔭，得以成功。

3.由艮卦上升事業線，表示其人因受兄弟姊妹之協助，而獲成功。

註：補助線要直的才算。

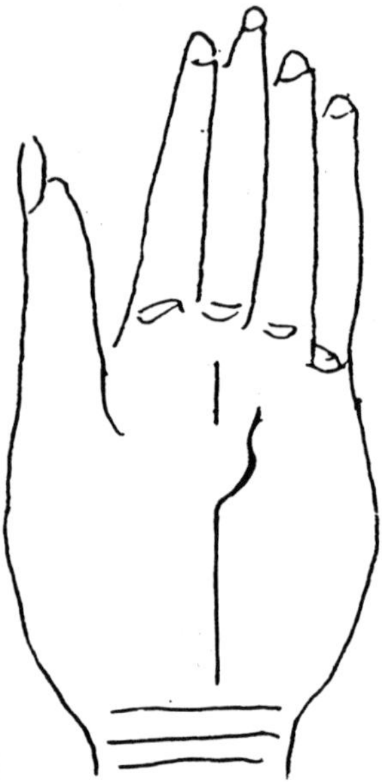

圖 3

一、事業線之名稱：①成功線②命運線③天喜線④玉柱紋⑤文筆紋等。

二、事業線中斷者：表示事業有阻礙，詳看手紋中斷之流年及面相流年，則知何年有風險及事業之轉變等，應於事業先妥善戒備，以免大敗虧空，以致臨時慌張。

三、如有事業補助紋出現，則可補其缺陷，雖有驚而無險矣，但必須倍加謹慎，免遭大敗。

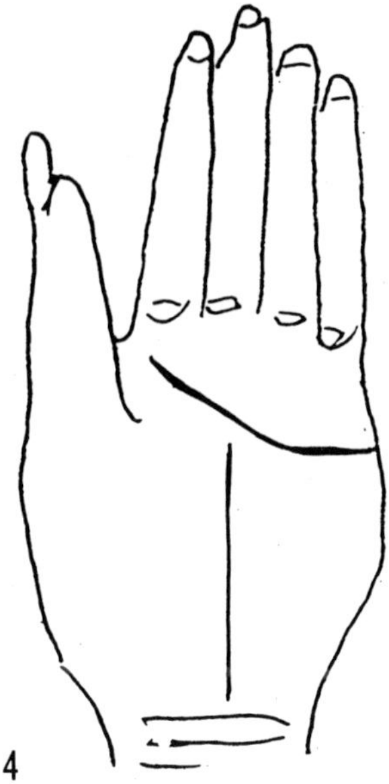

圖 4

一、事業線止於感情線者，表示其人因受感情之累（如為親友做保）而遭事業破產。

二、詳看感情線與婚姻線，則知其人在婚姻上之幸福與否，再看小人紋，則知其受朋友之連累。

三、失敗之期間，大都在四十～四十五歲之間。

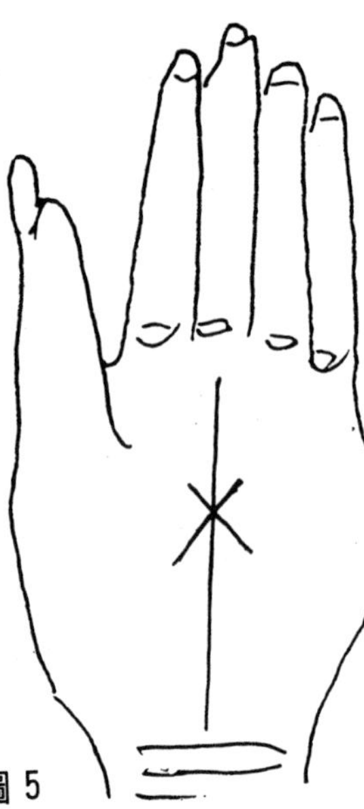
圖 5

一、事業線出現交叉紋或十字紋路者，表示其時將有災禍發生傾向，應謹慎預防。

二、此十字紋如在流年四十歲出現，其生命紋也在同流年被衝斷者，表示有意外之生命危險，或與其事業失敗有關。

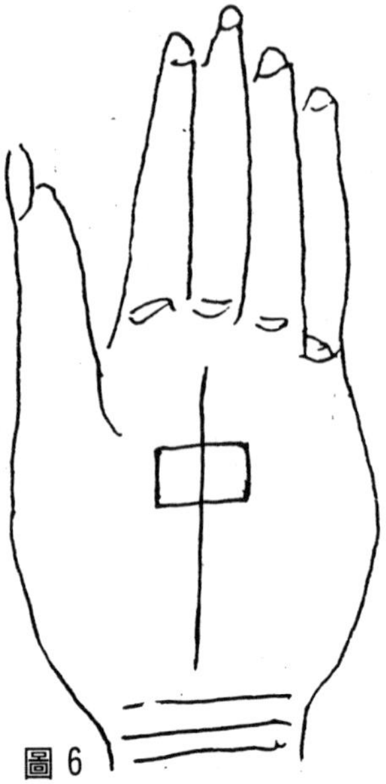
圖 6

一、事業線出現四方形者，表示其人事業，在某段流年上，屆時必困於危機四伏之中。

二、如獲得貴人協助，則免於破產。

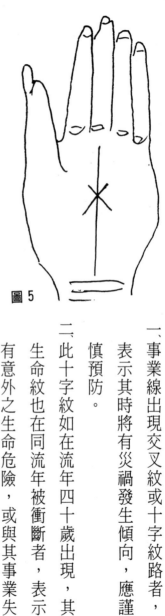

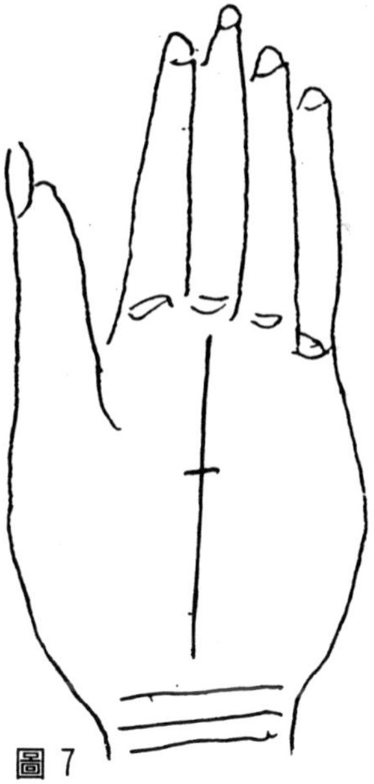

圖 7

一、事業線出現阻礙紋者，表示當時之事業，受到小人阻礙或干涉。

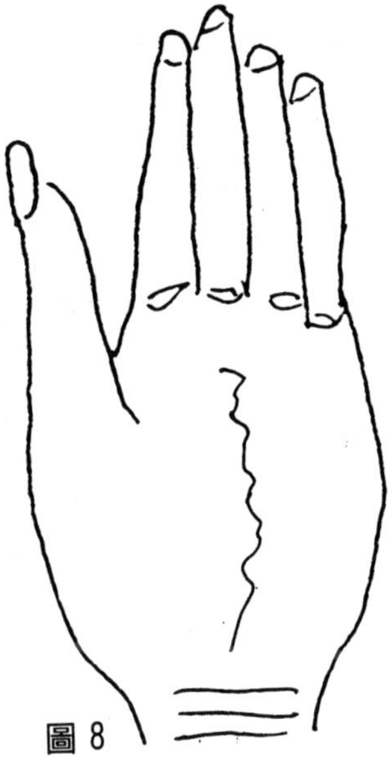

圖 8

一、蛇形狀之事業線，表示其人心術不正，乃工心計之人。

二、其人一生事業多從旁門左道，朋比為奸而出入，常在法律邊沿走動，僥倖於不死耳！

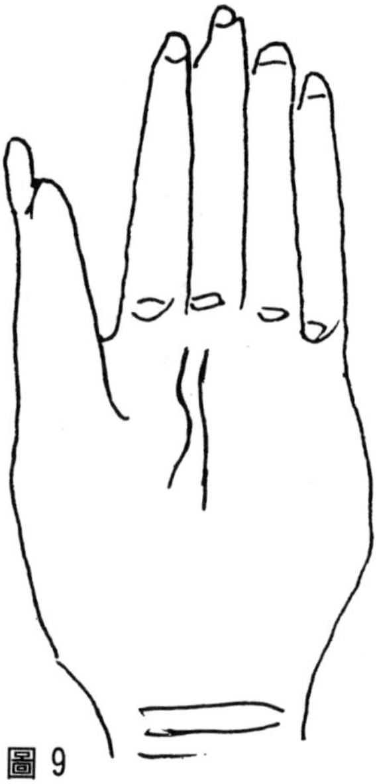

圖 9

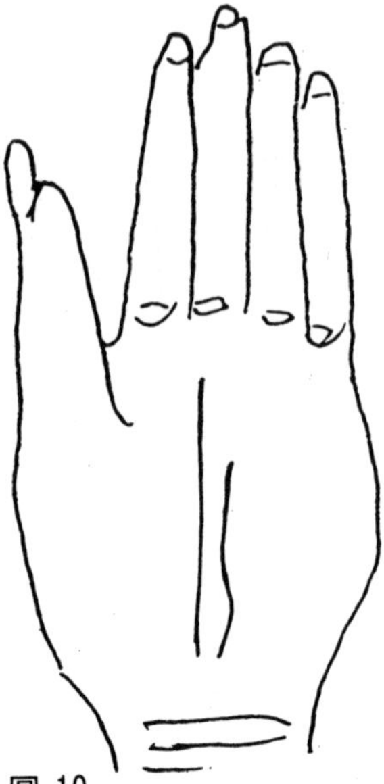

圖 10

一、事業線在中指下方發現青紋者，表示其人之事業，正面臨週轉失靈及退票之困擾，而循法律途徑解決。

一、事業線特別明顯，並發現鮮紅的細小支紋，是証明其人正在計劃創辦新事業。

二、事業線旁新生出的鮮艷細紋，必須配合自己、父母、及子女等三代流年參看。

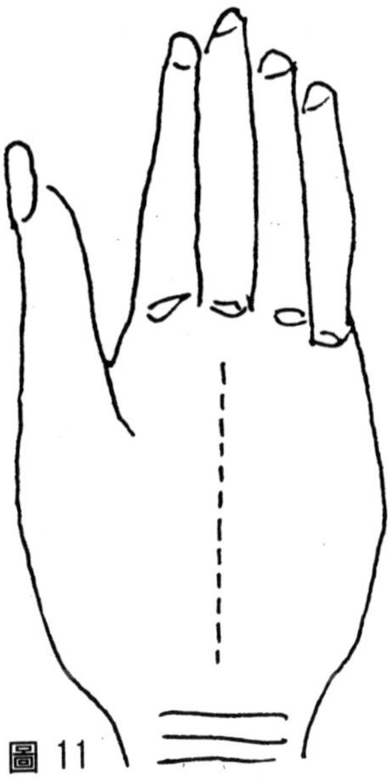

圖 11

圖 12

一、竹節型的事業線：表示其人，一生事業的努力，必然經過許多挫折，始能獲得美滿的成功。每次的阻礙可參看事業的流年法推斷之。

一、樹形的事業線：表示其人一生在事業中的建樹，始終站在大時代的前面，為發明、革新而創辦各種大規模的新企業。

二、至於何時再創新事業，請推算事業的流年法。

圖 13

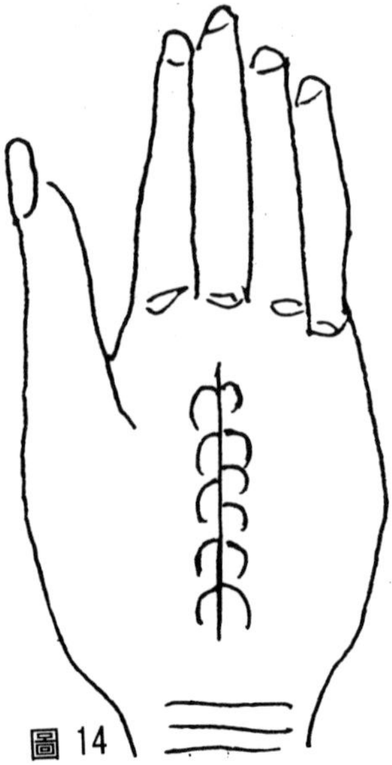
圖 14

一、花形之事業線，表示其人一生之事業中，有一段燦爛鼎盛的時期。但花開必謝，月圓必虧。難免有：美景不常，盛筵難再的淒涼之感！必須自己善加把握。

一、檳榔樹形之事業線，表示此人在少壯時期的耕耘，至老年方能獲得豐富的收成。如少壯時期不予辛勤耕耘，細心灌溉，則老境必陷於枯木乾柴，豈有生存之理？言語雖淺，意義實深。

十九、感情線與智慧線之研究

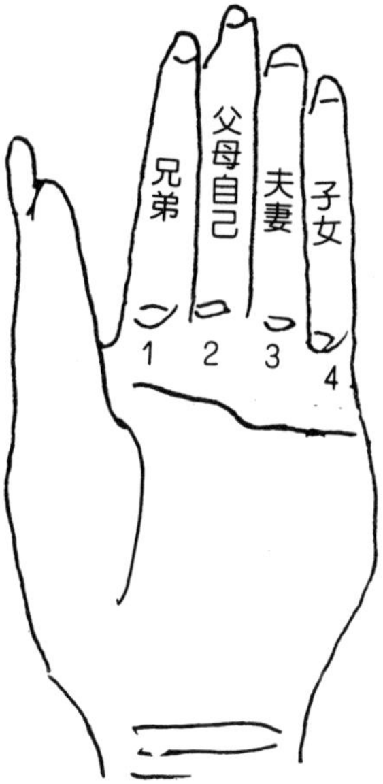

(1)、感情線鑑定法

1. 表示：我與兄弟、朋友之間的感情狀況。
2. 表示：我與父母、長輩之間的感情狀況。
3. 表示：我與妻（夫）、情人之間的感情狀況。
4. 表示：我與子女、晚輩之間的感情狀況。

(2)、感情的定義

上智忘情、下智不及情。情之所鍾。正在我輩。

感情，從字面上可解釋為①受了外界刺激而發生的情緒。②人跟人之間的交情。

(3)、感情之真偽

夫感者，熱能之源也；情者相應之光也。如發電為熱能之源動力，照亮則為情愫相應之光芒。熱能充足者，感情豐富，熱能冷卻者，則感情偽矣。熱能者，因也。感情者，果也。

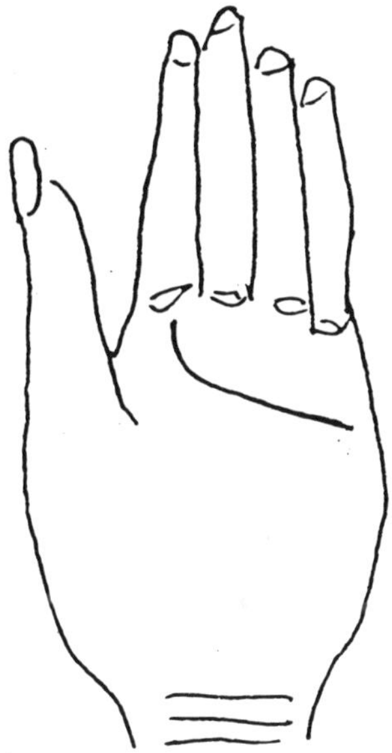

圖 1

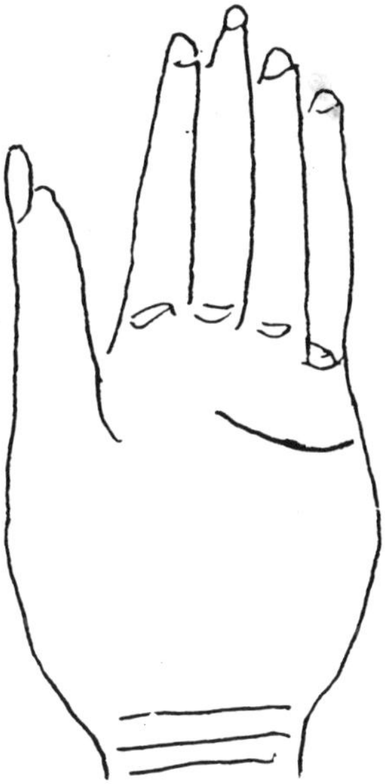

圖 2

一、標準之感情線直達巽卦方位，是感情明朗、忠貞、有高超之品行。

二、巽卦為帛宮，這種感情線，表示此人對錢財方面的事，比較重視。

一、感情線達於中指離卦方位者：則表示自私、妒忌的現象，此人對於功名、官祿之升遷，頗為熱心。

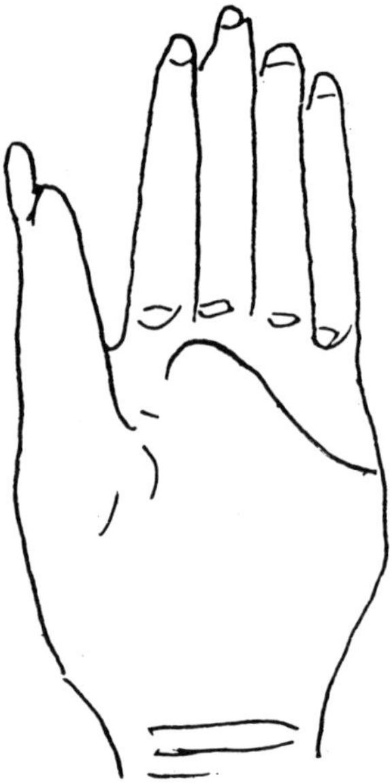

圖 3

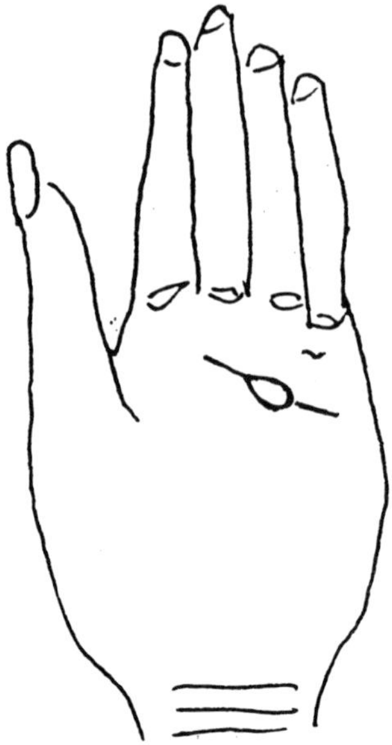

圖 4

一、感情線下垂，表示在婚姻、戀愛方面曾受打擊，若無方法自持，則會有自殺或精神分裂之傾向。

二、表示父親的事情在中年有挫折或意外危險，等事發生。

一、感情線無名指下見島紋者：

1. 此人有眼疾，或近視。

2. 此人與佛道有緣。

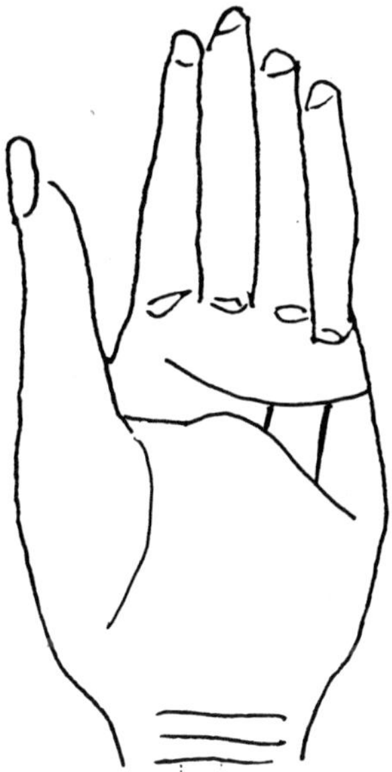

圖 5

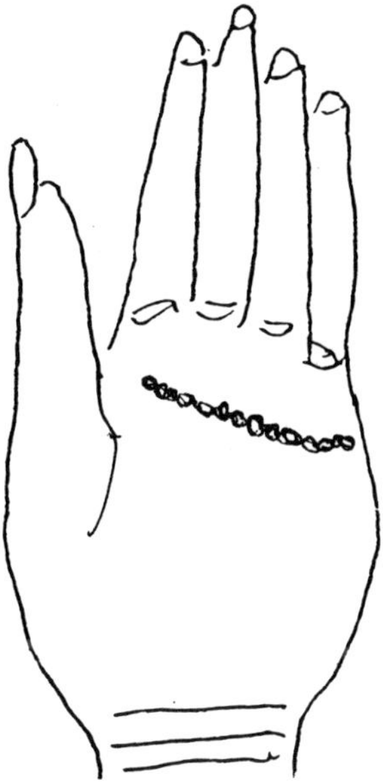

圖 6

一、感情與智慧線的距離遠，是坦然成情，自我鎮定，臨大事而不亂，為人度量寬大。

二、感情線與智慧線近，表示此人遇事心急，度量狹窄，不易原諒別人。

一、感情線斷亂如鍊，一生心境難安，常因一件小事煩惱半天，是多愁善感的現象。

二、有此種感情線的人，最好勸其信仰宗教，以免陷入歧途而不悔悟，良可浩嘆。

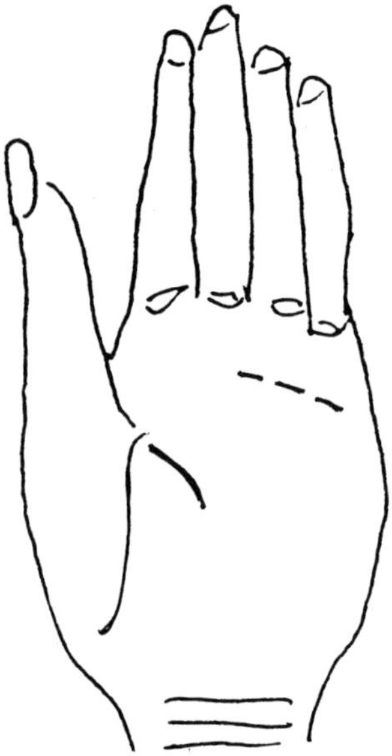

圖 7

一、感情線短而中斷，表示此人孤僻成性，待人接物感情冷淡，不愛合群。

二、此種感情線的人，大都寂寞寡歡。如遁入空門，潛心修行，必成高道、名僧而成正果。

三、見智慧線短，則糊塗終身，面相天庭狹窄，日月角低陷者，乃父短壽，早運欠佳。

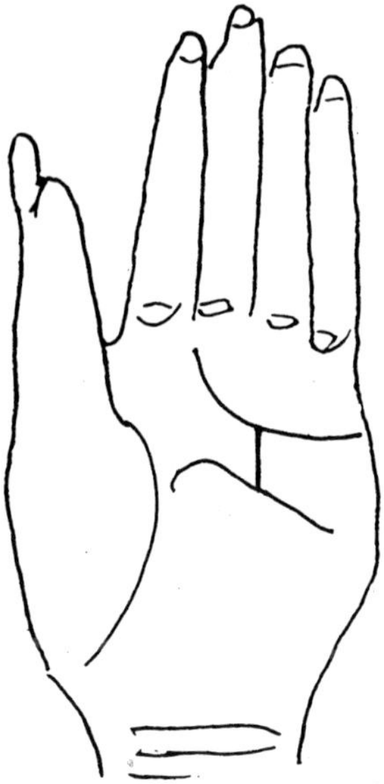

圖 8

一、感情線與智慧線之間，又生出一條連接成「工」字之小紋，謂之「通貫線」。

二、有通貫線者，主有技術專長，男多主機械、電機工程。女多主藝術、服飾等。

三、原則上，通貫線主婚姻之少有挫折（參看婚姻線及魚尾紋即知）。

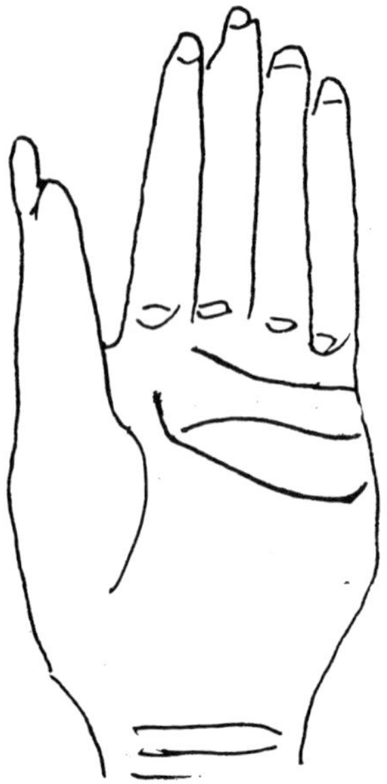

圖 9

一、感情線之高低與男女性格之分析：

1.過高的感情線：男人感情線過高，是善於交際之能手，性格多屬外向。女人感情過高，則不喜理家，好奢侈浮華。

2.感情線過低者：男人感情線過低，是不善交際，性格多屬於內向。女人感情線過低者，則能勤儉持家，不喜爭奇艷鬥。

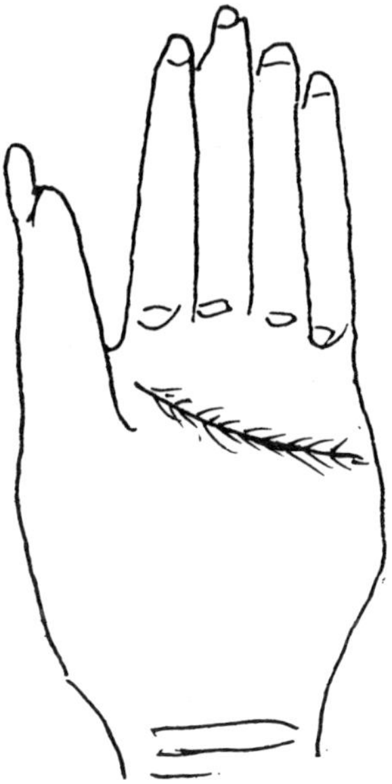

圖 10

一、感情線如毛狀者，多屬膽小多疑，心理不健全，萬一遭受打擊，易造成精神分裂自殺的傾向。

二、體質較弱，有此種紋的人，宜勸其信仰宗教，如有挫折歸之於神，則減少煩惱。

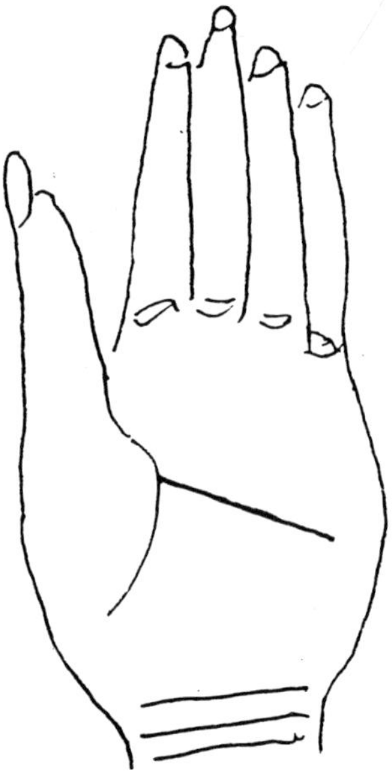

圖 11

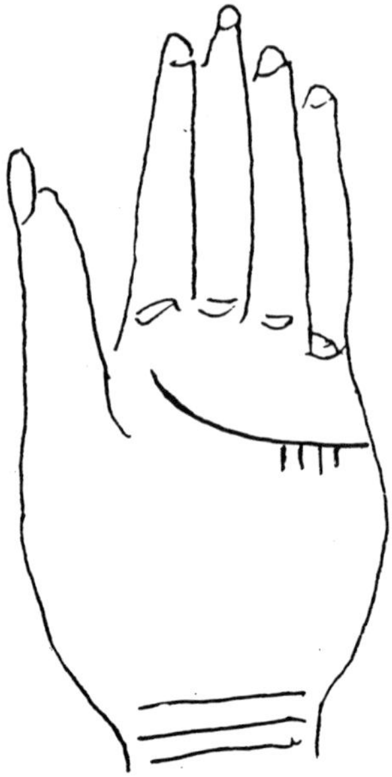

圖 12

一、感情線與智慧線合併為一線者，為斷掌。

二、具有此種掌紋者，充滿自信，果敢有為，善謀能斷，適應經商。

三、女人有此紋者：如觀骨過高，鼻梁陷，則剋夫無疑。

一、感情線末端分叉者，表示其父忠厚，其親友對乃父不利，易受欺騙。

二、此人在交友方面必須謹慎，否則，恐被朋友出賣而猶不自知也。

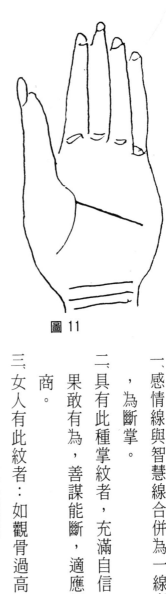

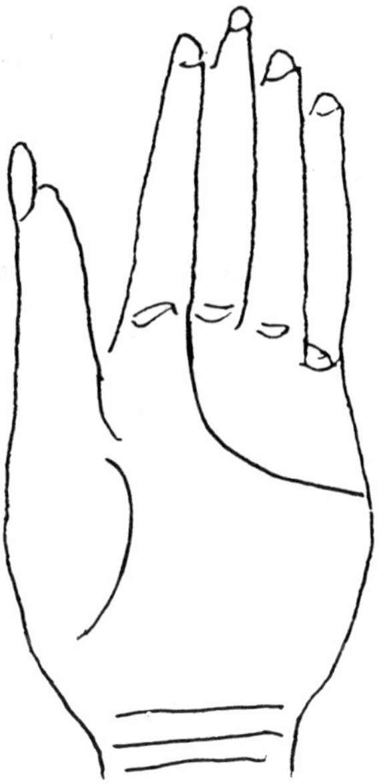

圖 13

一、感情線入中、食二指之間者，其人有豐富的感情，對其所愛的人非常忠貞。

二、男人有此紋，是位服從太太的好丈夫，且有怕太太的傾向。

三、女人有此紋，是位賢妻良母，必是忠於丈夫的好太太。

四、有此種紋路的人，無論男女，多屬不善理財。

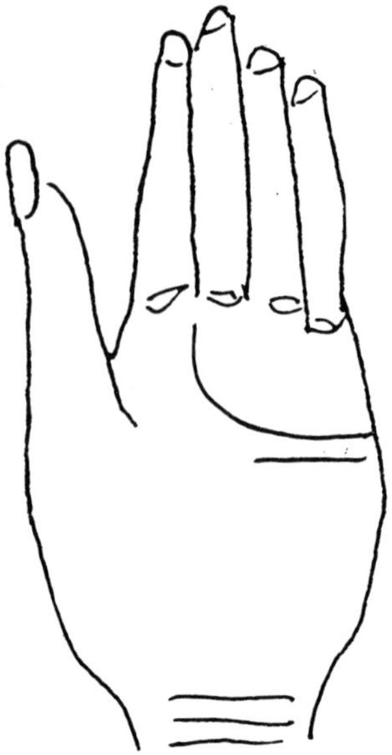

圖 14

一、有雙條感情線的人，誠實屬少見，有此種感情線者，表示他的感情豐富，人們多予愛護與崇敬。在夫婦感情方面，多屬美滿幸福。

二、此人有博愛仁厚之思想，大慈善家多屬此種感情線。

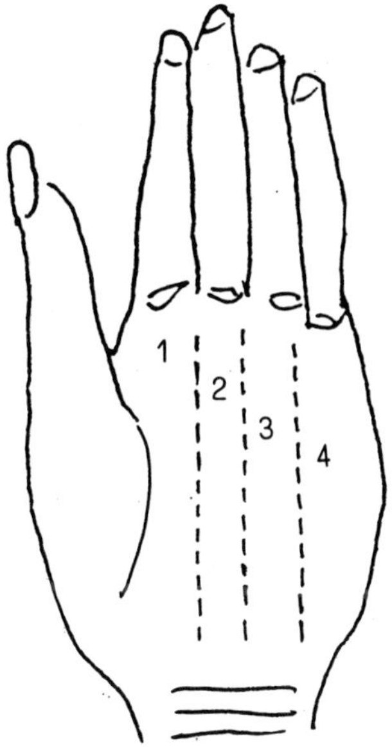

圖 1

(4)、智慧線之鑑定法

1. 表示此人小學讀書過程。
2. 表示此人國中讀書過程。
3. 表示此人高中讀書過程。
4. 表示此人大學讀書過程。

(5)、智慧線論的定論

人無智慧，其善惡何以辨解。腦是思想中樞，思想周密，處事自能圓滿。思想遲鈍則難免顧此知彼。智慧線之鑑定其差別程度千變萬化，全賴學習者觀察正確，推算得當，智慧線之重要性大都在其止點及其紋路之變化，附圖分析於左：

△智慧線至坤卦者：

1. 表示此人做事不求甚解，性情暴躁易怒，且好高騖遠，固執婚姻不美滿。

△智慧線至兌卦者：

1. 此人意志堅強，決斷明快。缺點

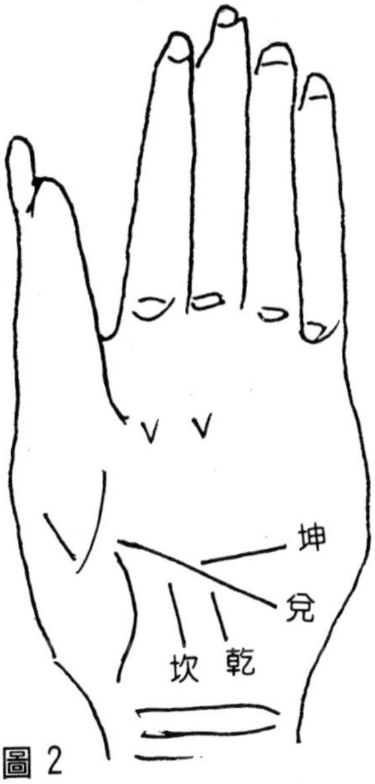

圖 2

：處世不能圓滑。

2.女性有此紋者，其選擇對象之條件，要求程度過高，容易造成婚姻上之悲劇。

△智慧線至乾卦者：

1.此乃標準之智慧線，處事方面併用，易得人緣。

2.過長而侵入乾卦之智慧線，則表示父親曾罹患高血壓、中風、半身不遂等症。

△智慧至坎卦者：

1.此人個性隨和，有脫俗出塵之宗教觀念，和尚、道姑、牧師等。

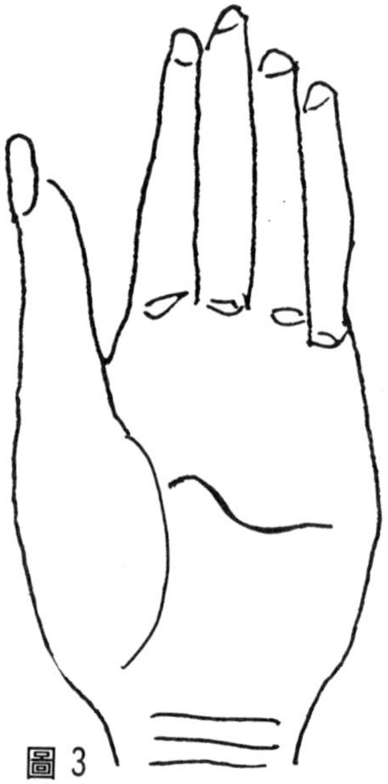

圖 3

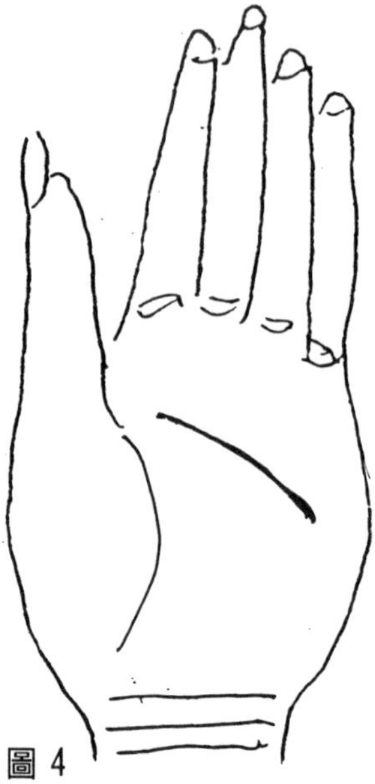

圖 4

△智慧線與生命線交叉：

1.表示神經過敏，好爭易怒，不是正常之智慧線。

2.表示此人思想異於常人。

△智慧與生命線分開：

1.表示智慧早開，思想超然清高（因智慧線與生命線分開，表示年齡分開而行，五歲或已知十歲之事）。

2.在婚姻上應屬遲婚。

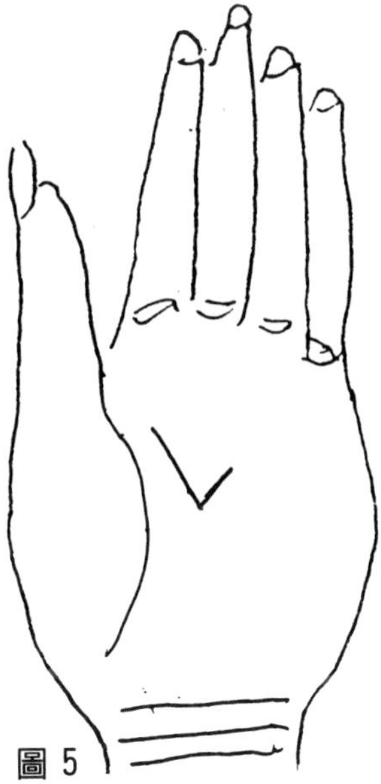

圖 5

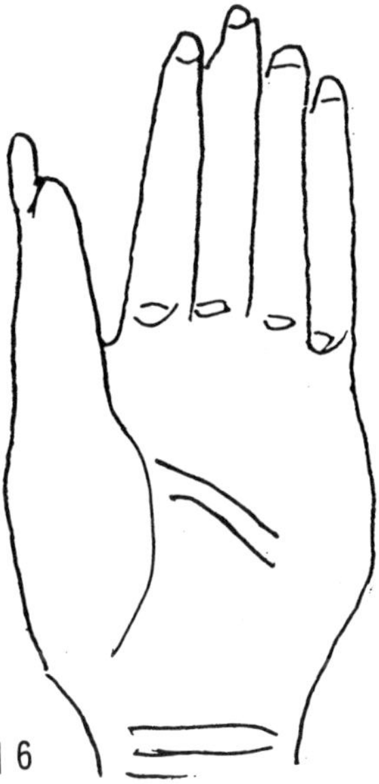

圖 6

△智慧線過短：

1.表示思想簡單隨便。

△智慧線短而向上彎者：

1.做事馬虎、有始無終。

2.表示性事暴戾而工心計。

△智慧線雙條者：

1.有倍人之智力，最宜從事學術之研究。

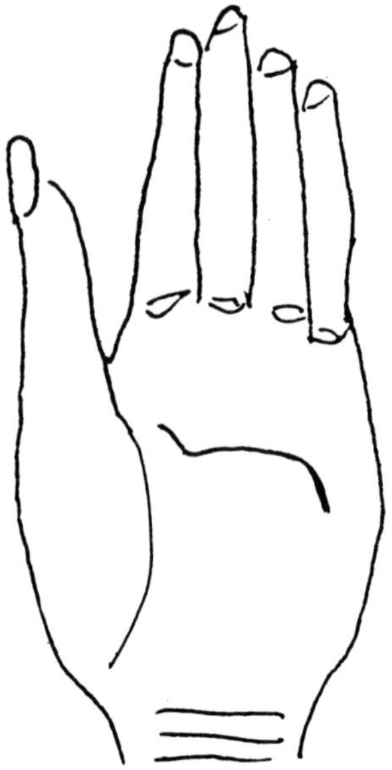

圖 7

△智慧線突然下垂者：（腦部易受傷而有此象）。

1. 在無名指方位下垂者，表示此人將受愛情或婚姻上之指折而致精神受打擊。

2. 在食指方位下垂者，表示自我矛盾，而致精神不正常。

3. 在中指方位下垂者，須注意事業的成敗得失。

4. 在小指方位下垂者，與子女好壞優劣有關。

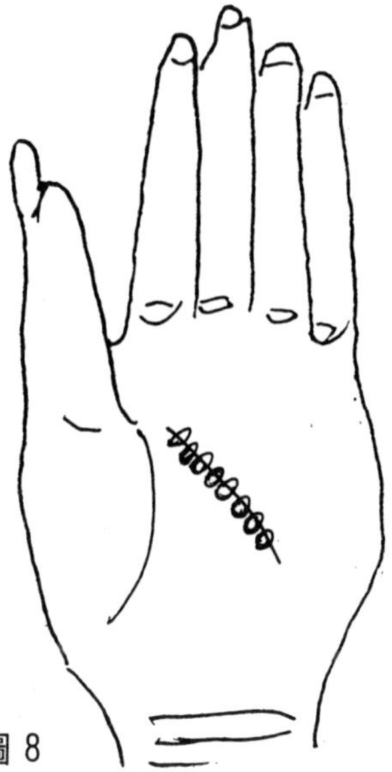

圖 8

△智慧線呈現島紋者：

1.個性古怪，不穩定。有癲癇及自殺之傾向。

2.腦部恐有暗疾，易患頭痛、失眠等。

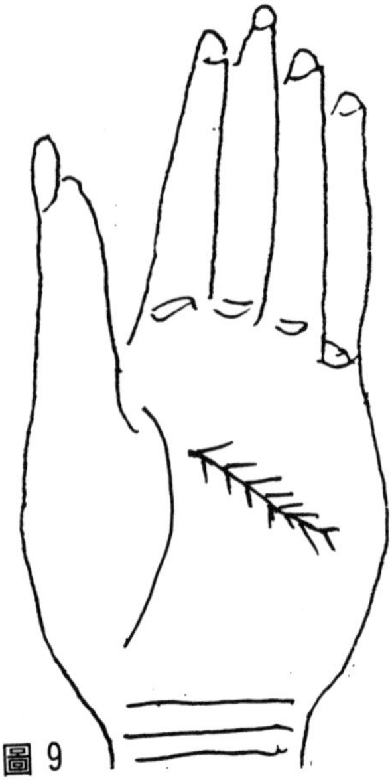
圖 9

△智慧線呈現毛狀者：

1. 毛狀之智慧紋，乃因其人血液循環不良，因貧血傷腦所致，故做事難持久，無主張，性格僻、易衝動、有癲癇，甚至殺人或自殺之傾向。

2. 思想悲觀，先天精神不健全，腦部恐有暗疾。

3. 若見此紋，應勸彼信宗教，精神方面有寄託。

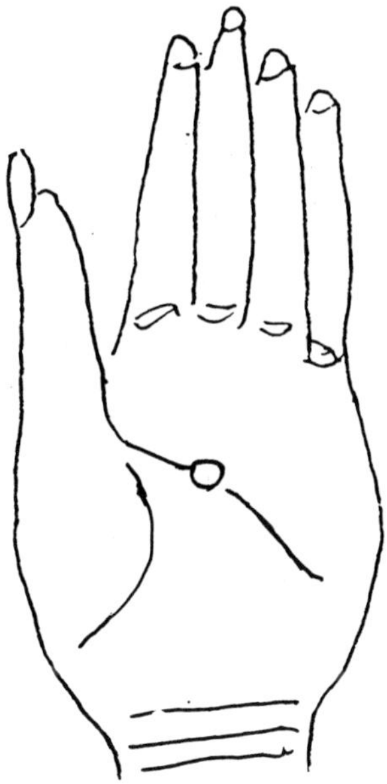

圖 10

△智慧線食指下方出現島紋：

1.表示此人曾因意外受傷，因車禍或摔傷碰及腦部所致。

2.此紋之人思想特別，非常人所能理解。

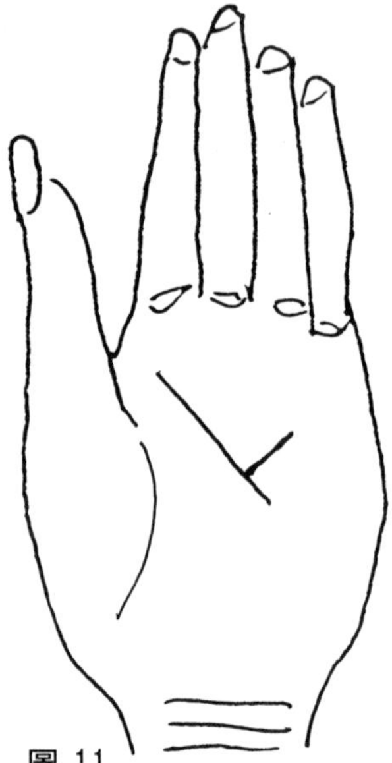

圖 11

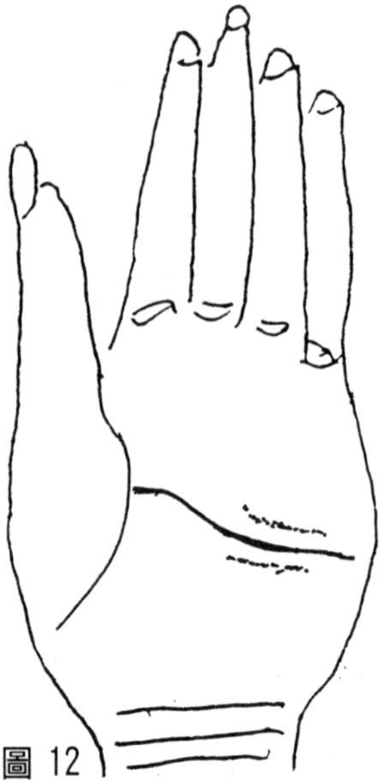

圖 12

△智慧線在無名指下分岐：

1.此種智慧之人，多數在戀愛或婚姻上有些不幸或挫折。

2.此紋之人因喪偶或風流而有兩個太太。（配合婚姻線參看）

3.女性呈現此紋者，風流或不貞。

4.智慧線末端浮脹者，表示此人正欲參加考試。

△智慧線在無名指下方出現斑點紋者：

1.表示此人在愛情或婚姻上因長期痛苦而形成。

2.此紋相當應驗。

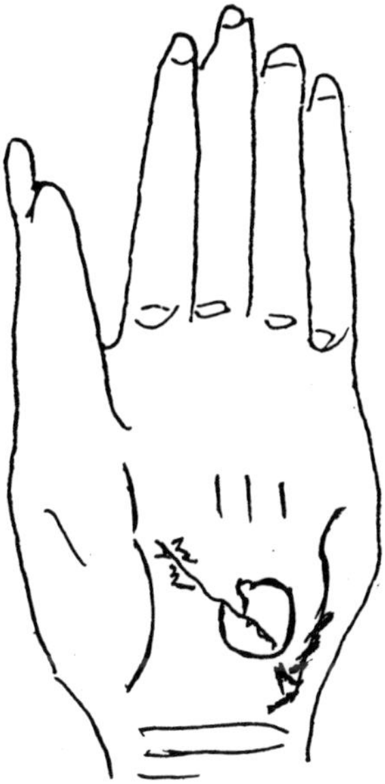

圖 13

△智慧線上另生出一蛇狀紋或波浪形：

1.表示此人思想不穩定，做事容易出差錯，誤入岐途，性情暴戾，里社會中之人最多。

2.女性具有此紋，私生活多不檢點，亦非單純之人物。避之為吉。

3.此種掌紋之人，宜勸其從事藝術為宜。

4.末端浮起此人正在參加考試（最後加入）。

二十、拇指的研究

(1)、研究拇指的基本概念：

拇指與大腦第六神經系統有密切的關係，代表人的意志、毅力、思想、勇敢、恐懼等表現事項有關，在針灸學的要領中，拇指所經過的脈絡與肺經有關。手相學的拇指部位，實占有相當重要的份量。

因此，學習者對於拇指的神秘，必須具有相當的研究與瞭解，四時之變，雖已知其有一定的定律，但拇指代表何種定律，則非一般人所能知也，因為拇指可斷人之一生成敗，拇指為手之樞紐，拇指是生命的領袖。

要知道當人們在憤怒時，常以握拳的手勢出現，此時拇指在外而表禾氣憤。但在害怕時，其拇指又握於四指之中矣。

如何才是優良的拇指：原則上，拇指是越長、越直者，為上等。同時必須看起來清秀，方有才華。如過於粗壯者，則大都主在機械專長上有特別研究，清秀的拇指，則在文學、藝術上較有深厚的造詣。

拇指分為二節，指端為第一節，近掌部分為第二節。

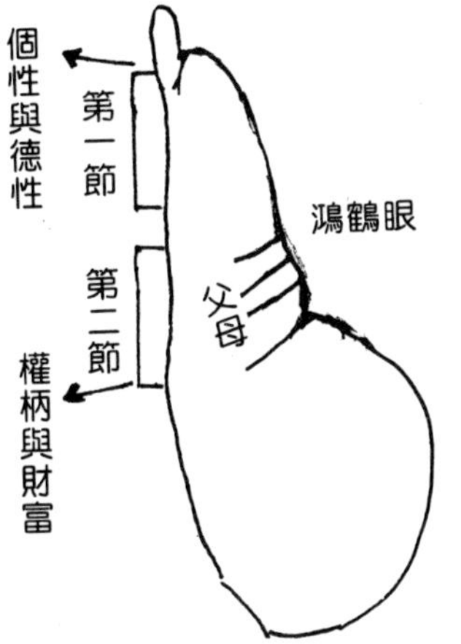

第一節長者，主文學方面的才華，如政治、法律、精通各國語言，凡詩詞歌賦一揮而就，才高八斗，七步成章。

第二節的清秀與否，可斷其本人與他父母的關係，最好是參看感情線、智慧線、乾坤卦位及面相之日月角等之綜合判斷，方能瞭解其生活環境之好壞，其父母孰先亡，及本人家庭緣份的濃淡，則百無一失。凡第二

圖 1

節粗壯者，代表此人對數理、機械工作方面有實踐的才能。

(1)剛節拇指：乃拇指不易向外彎曲，此種拇指有幾種特性。

1. 個性剛直，認真理而不易屈從，不輕易服氣對方。
2. 自我成見較重，凡事多固執。
3. 若拇指秀麗，則品格端正，壯麗為商界人才。
4. 此種拇指多不願自己吃虧，亦不願有讓對方吃虧的個性。

圖 2

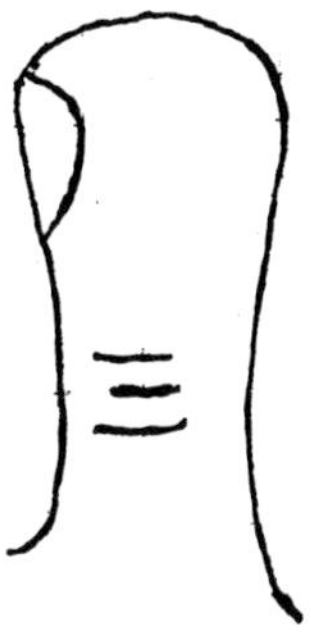

圖 3

(2)柔節的拇指：此種拇指較能容納別人的意見。若過份彎曲，則自我無一定主張，人云亦云，做事隨聲附和，沒有中心思想。

1. 此類拇指是流財之象，對於金錢不太重視。做事較為隨便，對命運觀念較重。
2. 此種拇指配合透長的指形，則為藝術人才。
3. 女性則最喜柔節拇指，能理家、相夫益子，主婚姻幸福，有夫唱婦隨之妙。

(3)捧形拇指：此類拇指乃先天智慮淺薄，衝動、易怒。可配合智慧線及手形參看。

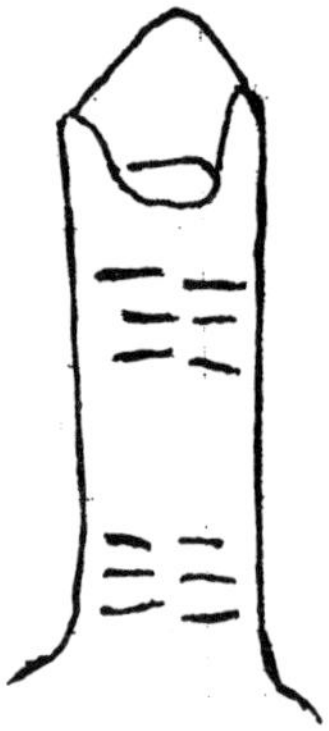

圖 4

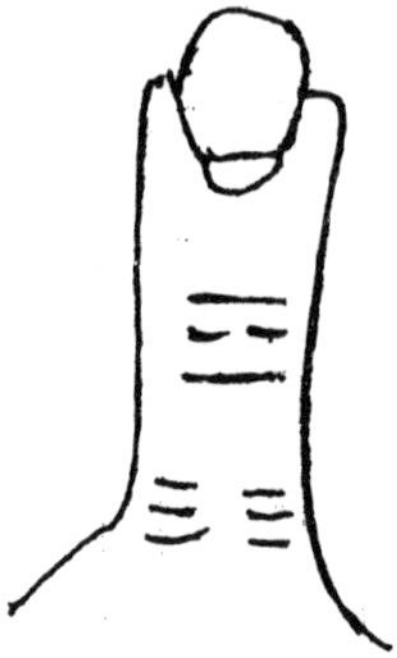

圖 5

(4)直形拇指：此類拇指應會有所作為，如智慧線良好，乃文學人才也。如有良好事業線，則是商界大亨，此類拇指有優越的判斷能力，及敏捷的觀察力，女性若有此類拇指，乃賢妻良母型也。

(5)原始形拇指：此種拇指的特性是又壯又粗，勞工同胞最多，且有此類拇指的朋友，其性向發展，大都偏向於機械工程方面，或從事深入機械原理之研究，則必有傑出的表現。

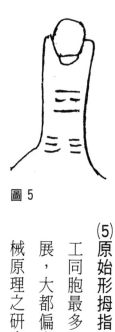

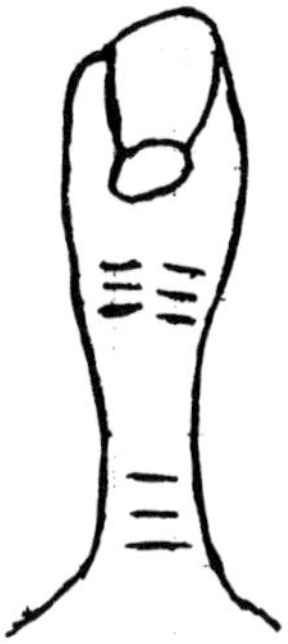

圖 6

⑹蜂腰形拇指：此類拇指之優點是：多才多藝，善於交際，詞令尤妙。缺點是：疑神疑鬼，遇事畏縮，惟工心計而已。依人成事則可，絕無自創能力。婦女有之，反成天眷之美。

⑵、鴻鶴眼（又名孔子目）

此眼表示讀書運及成功運。眼越大，表示讀書成績越佳，凡是考試則必名列前矛，須配合智慧線參看。智慧線亦甚長，有此眼的人都有很好的讀書運。

此眼又可以判斷婚姻的幸福與否，婚姻幸福的人其眼清秀。再配合感情線、婚姻線參看，就可明確的知道此人是否得到良夫賢妻。如有鴻鶴眼一條，感情線散亂，島紋特多，婚姻線二條，那要特別注意離異的問題了，因鴻鶴眼是屬於早年運，所以與婚姻運有密切的關係。

(3)、父母紋：

父母紋，介於鴻鶴眼第二節之間，上一條象天、為父，主父親之才幹、能力、作為及一生之事業。第二條象地、為母、主母親之德性、才能、賢慧、溫柔與否，有密切的關係。

在判斷父親的事業作為時，必須參看感情線、乾卦部位，所得的綜合現象，然後再肯定的判斷，才能得到正確的答案。若判斷母親的情形時，則參看智慧線及坤卦，方可得一決定性的答案。

⑷、拇指白牙的判斷：

拇指的指甲，對內臟堅強與否的反應特別明顯，以光滑、平整、顏色淡紅不雜者，就證明內臟平常。拇指半月形的白牙大小，以全甲的四分之一為正常。最大的也不會超過三分之一。

半月形的大小，據說可判斷其人出生的日期，如果一個人是出生在月滿的望日（農曆十五至二十日）以前，則甲上的半月形較大，其他八指之半月形亦較大。如出生在月末或月初，則甲上的白牙可能很小，或者沒有。經驗證明當你好運、洋洋得意、精力充沛時，白牙特別明顯。在遭受挫折、打擊、失意時，白牙就灰暗不明。

由白牙明亮與灰暗的暗示中，象徵著天地間的軌道行運，與我們的精神活力運氣有關。

二十一、指爪的研究

麻衣相法有言：「指甲乃筋之餘」。甲厚者主人膽大，甲細者主人聰明，指甲以明、淨、細、潔為主。

骨格的發育與鈣質有關，缺乏鈣質的人，則常有蛀牙現象，指甲薄而易斷者，主人體弱。因此，足證明指甲與身體健康有關。所以，要特別注意，其腸胃、腎臟之健康情形，如有變化，可根據指甲的氣色與媾紋之形成，即知其情形了。

又可從指甲的形狀判斷其心臟、肺部、氣管、肝膽、咽喉及血氣通順體內虛火、腎臟健康等情形十分密切，真可以說是牽一髮而動全身。

現把指爪分析於左：

(1)甲薄之人：

在個性方面，落落寡歡，憂鬱、急躁、易怒、吝鄙、嫉妒等。

(2)甲細之人：

在精神方面，神經衰弱、敏感等。

(3)指甲色彩：

指甲雖喜紅潤，但不宜過紅，老人甲過紅，恐罹患高血壓之症。青年人過紅，則將有戀愛之喜。

(4)指甲暗白：

注意內臟有虧。

二十二、指甲斑點的研究

一般人視為指甲上產生了白斑點，是代表運氣不好，這是嚴重的錯誤。蓋指甲真正的作用，除保護指端的觸覺外，尚有反應人們內臟健康的變化，如感冒或健康不良者，其指甲最宜產生白斑點。而可知曾患何癥。

(1)下垂爪：

此種爪型，指爪是向內彎曲，此種爪型在藝術界或風塵界的女子見的最多。

具有此種爪型的女人，大都天生麗質，嬌艷絕倫。男人有此種爪型者，則工心計，再配合面相眼鼻之狀，其善惡不言可知矣。

圖 1

圖 2

圖 3

⑵蝴蝶型之爪：

此爪在瘦弱婦女中最常見。具有此爪者，多有蛀牙。齒乃骨之餘筋也。骨骼不健康者，方有蛀牙的現象，亦因自幼缺乏鈣質的營養，長大後就有此種爪型出現。此類爪型的人多數有病，憂鬱寡歡，急躁易怒。如用手將其指甲下壓即感覺疼者，再見其眼睛發黃，恐有患肝疾之傾向。無論男女有此爪者，均表示腎臟及生殖機能易患毛病之可能。必須要妥善預防為妙。

⑶極長之爪：

表示先天元氣不足，精神不振，工作上易感疲倦，絕對不能持久。在事業發展上，當然不能與他

圖 4

人競爭，體力之不及，縱然奮發圖強，亦終枉然。

此類指爪之人，惟有退居被動，站在寄人籬下的工作崗位上求生存而已。在健康上常易感染胸腔、氣管、眼、鼻、喉各種之癥。例如戴眼鏡者，則易患牙疼、耳疾或患有鼻病等症狀。

(4)正常略短而帶方型之爪：

此類爪型，表示身體健康，且生命豐富，待人誠實無欺，任事負責盡職，大都方正規矩，惟不喜應酬，以致得罪對方而不自知也。

在學術方面：對於數學、電機等各種建設工程之實用科學最感興趣，具有權威性之專長，且有數理天才。

圖 5

圖 6

⑸短平之爪：

此類型大都有先天性心臟衰弱的傾向，屬先天性神經質之人。如不幸一旦遭遇嚴重打擊，則易患精神分裂之症。亦不宜從商，如遇討帳逾價，即缺乏既定主張，可能忘記進貨成本而低價出售於人。

惟從事藝術最好，好讓其沉思冥想，默悟靈感之抽象相會於心。

如婦女中有此爪型者，除具有以上的不良情況外，其生殖方面不健康而易染疾病，以致影響生育問題。

⑹極短面闊之爪：

此類爪型，有神經過敏之症，有喜好諷刺、批

圖7

圖8

評、搬弄是非之傾向，男性中見之最多，且個性衝動，脾氣暴躁，凡事爭論不已，不肯屈服於他人。

⑺狀如錶蓋之爪：

此類爪型狀如錶蓋，乃因身體經絡衰弱，血不養心所致，男性有此爪者，多患氣喘等疾病。女性有此爪者，主月經不調，病在臍下。

⑻中起橫脊之爪：

爪質脆弱，中起橫凸，名曰「風濕橫脊腺」。凡有風濕病患者，其爪每呈現此狀。

圖 9

圖 10

(9)凹凸不平之爪：

此類爪型，乃因消化不良所引起，若慢性腸胃病者或瀉痢疾曰久，其爪必呈現高低不平之狀，此訣甚驗。

由此可知，爪之氣色與腸胃健康有關，再配合爪之生長期，即可斷定於何月中患瀉肚之症。無瀉肚則與心有關。

(10)爪起直紋：

此紋表示腎臟有虧，房事過多所致，應該減少房事，方能養精蓄銳，永保健康長壽。則家庭生活自然幸福矣。

嗜好鹹食者，因鹽份入腎囊濾尿負擔，所以亦

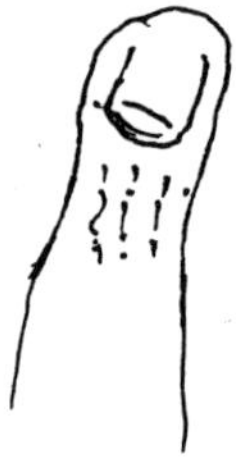

圖 11

易起直紋，如改淡食直紋消失。

⑾爪下方肉質部位有紅斑點狀：

如出現此紅斑點，則表示該人體內虛火旺盛的現象，忌抽煙、飲酒、乾炒花生米等上火之食物。

二十三、斷掌之研究

書云：「女子斷掌，剋夫；男子斷掌，白手成家。」

中國俗稱斷掌，有此掌者特性大膽，熱情奔放，細心、冷靜、充滿自信而能力很強之人，是屬吉相。

但是對女性而言，則在婚姻方面會妨害其婚姻命運。有此斷掌之女人，必會在工作方面表現非常傑出，並可兼任數職而能勝任。但在感情方面不斷變換莫測，不易尋求感情歸宿，這是唯一的缺點。

在此建議斷掌之女人，宜晚婚較好，因在感情表現非常極端，敢愛敢恨，如遭婚變或恨的時候，毫不忌諱的提出分手。

故晚婚會因較成熟，社會的閱歷也多了，在選擇對象的好壞，自有截然不同的結果。

女子斷掌宜幫助丈夫興家，男子宜白手成家，斷掌者做事堅決，不達目的絕不終止，一生比較有波折，生涯勞碌。

如果男女都能秉持任勞任怨努力奮鬥，來改變自己的生活空間與環境，家運一定會相安無事的。

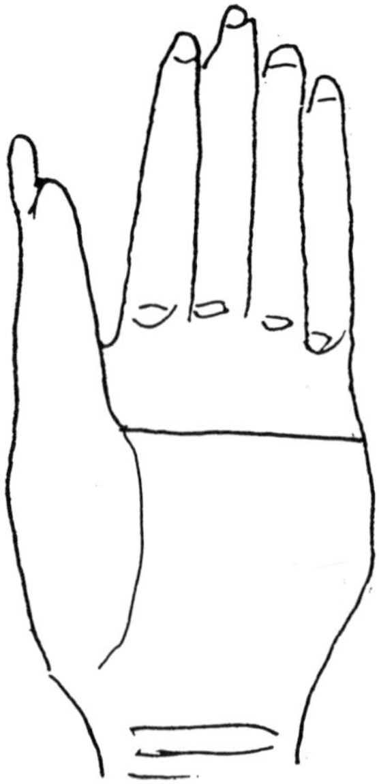

圖 1　斷掌

二十四、戒子的妙用

1.求子的妙用：求生子女的人，戒子宜戴小指，男左、女右，而男戴玉戒，女戴金戒。

2.求婚姻、財運、男左女右，戴在無名指上。

3.求事業順利宜戴中指，男左女右。

4.兄弟不睦或感情困擾，宜戴食指，如此可以約束自己安定情緒。

註：但西洋人求偶，戴於食指，須注意。

二十五、疾病徵兆一覽表

器官	疾病徵兆	可能是
頭髮	每次梳頭都梳落幾十根	用腦過度、貧血症、心臟病、神經衰弱
頭髮	容易折斷沒有光澤像衰草一樣	缺乏維他A
眼皮	眼皮浮腫	飲食過度、疲勞、心臟病、腎臟病、甲狀腺分泌不佳、血液乳酸過多
眼皮	眼皮裏面發白	必是貧血
眼皮	眼皮裏面發黃	必是黃疸
眼皮	上眼皮整個下垂	腦脊髓炎
眼皮	下眼皮內側有黃色顆粒	砂眼
眼白	眼白如呈霧狀	失眠、疲勞、便秘

器官	疾病徵兆	可能是
眼白	眼白變黃色	肝膽有病
眼白	眼白血絲常出現	疲勞、失眠、高血壓症、梅毒
眼睛	眼睛突起眼緣發紅	甲狀腺分泌失常
眼睛	異常晶亮面容卻無生氣	胰臟有惡性疾病
眼睛	四週發黑或有褐黑色斑點	失眠、工作勞累、糖尿病、月經不調、血液循環不佳、缺少維他命C
眼睛	常常發炎	肺病
眼睛	複視或斜視	腦部腫瘍、酒毒
眼角膜	有細微紅點	糖尿病
眼角膜	有扇狀小白塊	腎臟病

器官	疾病徵兆	可能是
瞳孔	瞳孔擴散不省人事	必是腦充血
瞳孔	雙眼瞳孔不同或瞳孔不圓	脊髓癆
嘴唇	發黑	腎上腺皮質功能欠佳
嘴唇	發紅	心臟衰竭缺氧、肺病
嘴角	生疱疹	肺炎、消化性疾病
嘴角	變厚	必是甲狀腺分泌不足
舌邊緣	舌的邊緣鮮紅又眼白發黃	黃疸病
耳後	淋巴腺腫大或頸淋巴腺腫大	必是德國麻疹
耳垂	部份呈青色	風濕性關節炎
臉頰	異常鮮紅	肺病
臉部	整個臉部皮膚呈蒼白色	必是貧血
臉部	整個臉部皮膚呈黃色	黃膽病、流行性肝炎
臉部	發黑	肝臟、副腎有病
指甲	指甲呈綠色	肝有疾病
指甲	指甲呈紫色	血液循環不正常
指甲	出現白點	鈣質不足
指甲	有黑點似有向外擴張之勢	惡性瘤
指甲	指甲蒼白指頭有皺紋	貧血的傾向
指甲	有長條形縱紋	胃腸病、甲狀腺衰退、風濕病
指甲	浮起像要脫落指頭末端粗大	必是心臟病

器官	疾病徵兆	可能是
指甲	指甲上有凸起橫紋	腥紅熱、傷寒、流行性感冒
指甲	指甲和指頭甚至掌心都發紅	必是高血壓
指甲	長的很好長而且發亮	腦下垂體亢進
指甲	指甲窄長發亮眉痕大而昏暗	甲狀腺亢進
指甲	呈圓形凸出有較大的眉痕	肺病、慢性心臟病
指甲	根部白色眉痕突然消失	心臟衰弱血液循環不良
手指	灰暗而枯燥	缺乏營養
手指	根部泛紅	肝硬化
手掌	變紅、發熱、潮濕、柔軟	甲狀腺功能過於發達
手掌	發白、發冷、乾燥、粗糙	甲狀腺分泌不足

器官	疾病徵兆	可能是
手掌	發黃	黃疸病、傷寒
手掌	手掌、足底板及臉部呈黃色	水果吃太多無害健康
皮膚	呈橙黃色	糖尿病
皮膚	呈灰色	肝臟有疾
皮膚	一天比一天肥大又十分蒼白	甲狀腺分泌衰退
皮膚	出現不平常的色素	副腎有病
手	經常手顫	甲狀腺分泌過多、心臟病
手	手顫之外還出汗	十分之八是心臟病
手	手部出汗	汗腺分泌過盛
皮膚	呈青紫色	慢性心尖瓣疾
皮膚	發白	營養不良、鉤血蟲或腸胃、肺部、子宮有病

器官	疾病徵兆	可能是
皮膚	發黃	惡性貧血、膽結石、傳染性肝炎、輸膽管發炎
皮膚	呈青灰色或藍色	肝炎、哮喘、肺氣腫、先天性心臟衰竭
皮膚	呈黯褐色、臂窩又腫瘍	必是惡性腫瘤
皮膚	呈黯色斑點	腎臟疾患
皮膚	有白斑	必是鼠疫
皮膚	變黑又臂窩腫瘍	癌症
皮膚	粗糙又富油質	肺結核
皮膚	某處紅泛色或有紅色蜘網花紋	肝硬化
腳背	浮腫	黑熱病
腳	腳的行狀和腳趾的形狀歪斜	內臟機能欠佳
腳	整個浮腫、非因久坐之故	腎臟有病

附註：此表僅提供參考，病情、病況以醫師檢驗為正確，為免引起心裏障礙，若發現本身有上列徵兆，應請醫師正式檢查，早日發現病情，提早診治，自得安康。

編者：林虹余台灣省屏東縣人

曾任：高雄市命理學研究會理監事
高雄市命理學研究會紫微斗數講師

著作：1.六十甲子籤解秘訣
2.綜合易卦姓名學（大展出版社）

大展出版社有限公司
品冠文化出版社

圖書目錄

地址：台北市北投區(石牌)
致遠一路二段 12 巷 1 號
郵撥：01669551＜大展＞
19346241＜品冠＞
電話：(02) 28236031
28236033
28233123
傳真：(02) 28272069

・少年偵探・品冠編號 66

1. 怪盜二十面相 （精） 江戶川亂步著 特價 189 元
2. 少年偵探團 （精） 江戶川亂步著 特價 189 元
3. 妖怪博士 （精） 江戶川亂步著 特價 189 元
4. 大金塊 （精） 江戶川亂步著 特價 230 元
5. 青銅魔人 （精） 江戶川亂步著 特價 230 元
6. 地底魔術王 （精） 江戶川亂步著 特價 230 元
7. 透明怪人 （精） 江戶川亂步著 特價 230 元
8. 怪人四十面相 （精） 江戶川亂步著 特價 230 元
9. 宇宙怪人 （精） 江戶川亂步著 特價 230 元
10. 恐怖的鐵塔王國 （精） 江戶川亂步著 特價 230 元
11. 灰色巨人 （精） 江戶川亂步著 特價 230 元
12. 海底魔術師 （精） 江戶川亂步著 特價 230 元
13. 黃金豹 （精） 江戶川亂步著 特價 230 元
14. 魔法博士 （精） 江戶川亂步著 特價 230 元
15. 馬戲怪人 （精） 江戶川亂步著 特價 230 元
16. 魔人銅鑼 （精） 江戶川亂步著 特價 230 元
17. 魔法人偶 （精） 江戶川亂步著 特價 230 元
18. 奇面城的秘密 （精） 江戶川亂步著 特價 230 元
19. 夜光人 （精） 江戶川亂步著 特價 230 元
20. 塔上的魔術師 （精） 江戶川亂步著 特價 230 元
21. 鐵人Ｑ （精） 江戶川亂步著 特價 230 元
22. 假面恐怖王 （精） 江戶川亂步著 特價 230 元
23. 電人Ｍ （精） 江戶川亂步著 特價 230 元
24. 二十面相的詛咒 （精） 江戶川亂步著 特價 230 元
25. 飛天二十面相 （精） 江戶川亂步著 特價 230 元
26. 黃金怪獸 （精） 江戶川亂步著 特價 230 元

・生活廣場・品冠編號 61

1. 366 天誕生星 李芳黛譯 280 元
2. 366 天誕生花與誕生石 李芳黛譯 280 元
3. 科學命相 淺野八郎著 220 元

4.	已知的他界科學	陳蒼杰譯	220 元
5.	開拓未來的他界科學	陳蒼杰譯	220 元
6.	世紀末變態心理犯罪檔案	沈永嘉譯	240 元
7.	366 天開運年鑑	林廷宇編著	230 元
8.	色彩學與你	野村順一著	230 元
9.	科學手相	淺野八郎著	230 元
10.	你也能成為戀愛高手	柯富陽編著	220 元
11.	血型與十二星座	許淑瑛編著	230 元
12.	動物測驗—人性現形	淺野八郎著	200 元
13.	愛情、幸福完全自測	淺野八郎著	200 元
14.	輕鬆攻佔女性	趙奕世編著	230 元
15.	解讀命運密碼	郭宗德著	200 元
16.	由客家了解亞洲	高木桂藏著	220 元

・女醫師系列・品冠編號 62

1.	子宮內膜症	國府田清子著	200 元
2.	子宮肌瘤	黑島淳子著	200 元
3.	上班女性的壓力症候群	池下育子著	200 元
4.	漏尿、尿失禁	中田真木著	200 元
5.	高齡生產	大鷹美子著	200 元
6.	子宮癌	上坊敏子著	200 元
7.	避孕	早乙女智子著	200 元
8.	不孕症	中村春根著	200 元
9.	生理痛與生理不順	堀口雅子著	200 元
10.	更年期	野末悅子著	200 元

・傳統民俗療法・品冠編號 63

1.	神奇刀療法	潘文雄著	200 元
2.	神奇拍打療法	安在峰著	200 元
3.	神奇拔罐療法	安在峰著	200 元
4.	神奇艾灸療法	安在峰著	200 元
5.	神奇貼敷療法	安在峰著	200 元
6.	神奇薰洗療法	安在峰著	200 元
7.	神奇耳穴療法	安在峰著	200 元
8.	神奇指針療法	安在峰著	200 元
9.	神奇藥酒療法	安在峰著	200 元
10.	神奇藥茶療法	安在峰著	200 元
11.	神奇推拿療法	張貴荷著	200 元
12.	神奇止痛療法	漆 浩 著	200 元

・常見病藥膳調養叢書・品冠編號 631

1.	脂肪肝四季飲食	蕭守貴著	200 元
2.	高血壓四季飲食	秦玖剛著	200 元
3.	慢性腎炎四季飲食	魏從強著	200 元
4.	高脂血症四季飲食	薛輝著	200 元
5.	慢性胃炎四季飲食	馬秉祥著	200 元
6.	糖尿病四季飲食	王耀獻著	200 元
7.	癌症四季飲食	李忠著	200 元

・彩色圖解保健・品冠編號 64

1.	瘦身	主婦之友社	300 元
2.	腰痛	主婦之友社	300 元
3.	肩膀痠痛	主婦之友社	300 元
4.	腰、膝、腳的疼痛	主婦之友社	300 元
5.	壓力、精神疲勞	主婦之友社	300 元
6.	眼睛疲勞、視力減退	主婦之友社	300 元

・心想事成・品冠編號 65

1.	魔法愛情點心	結城莫拉著	120 元
2.	可愛手工飾品	結城莫拉著	120 元
3.	可愛打扮 & 髮型	結城莫拉著	120 元
4.	撲克牌算命	結城莫拉著	120 元

・熱門新知・品冠編號 67

1.	圖解基因與 DNA	（精）	中原英臣 主編	230 元
2.	圖解人體的神奇	（精）	米山公啟 主編	230 元
3.	圖解腦與心的構造	（精）	永田和哉 主編	230 元
4.	圖解科學的神奇	（精）	鳥海光弘 主編	230 元
5.	圖解數學的神奇	（精）	柳谷晃 著	250 元
6.	圖解基因操作	（精）	海老原充 主編	230 元
7.	圖解後基因組	（精）	才園哲人 著	

・法律專欄連載・大展編號 58

台大法學院　　法律學系／策劃
法律服務社／編著

1.	別讓您的權利睡著了(1)	200 元
2.	別讓您的權利睡著了(2)	200 元

・武術特輯・大展編號 10

1.	陳式太極拳入門	馮志強編著	180 元

2.	武式太極拳	郝少如編著	200 元
3.	練功十八法入門	蕭京凌編著	120 元
4.	教門長拳	蕭京凌編著	150 元
5.	跆拳道	蕭京凌編譯	180 元
6.	正傳合氣道	程曉鈴譯	200 元
7.	圖解雙節棍	陳銘遠著	150 元
8.	格鬥空手道	鄭旭旭編著	200 元
9.	實用跆拳道	陳國榮編著	200 元
10.	武術初學指南	李文英、解守德編著	250 元
11.	泰國拳	陳國榮著	180 元
12.	中國式摔跤	黃 斌編著	180 元
13.	太極劍入門	李德印編著	180 元
14.	太極拳運動	運動司編	250 元
15.	太極拳譜	清・王宗岳等著	280 元
16.	散手初學	冷 峰編著	200 元
17.	南拳	朱瑞琪編著	180 元
18.	吳式太極劍	王培生著	200 元
19.	太極拳健身與技擊	王培生著	250 元
20.	秘傳武當八卦掌	狄兆龍著	250 元
21.	太極拳論譚	沈 壽著	250 元
22.	陳式太極拳技擊法	馬 虹著	250 元
23.	二十四式/三十二式太極拳/劍	闞桂香著	180 元
24.	楊式秘傳 129 式太極長拳	張楚全著	280 元
25.	楊式太極拳架詳解	林炳堯著	280 元
26.	華佗五禽劍	劉時榮著	180 元
27.	太極拳基礎講座：基本功與簡化 24 式	李德印著	250 元
28.	武式太極拳精華	薛乃印著	200 元
29.	陳式太極拳拳理闡微	馬 虹著	350 元
30.	陳式太極拳體用全書	馬 虹著	400 元
31.	張三豐太極拳	陳占奎著	200 元
32.	中國太極推手	張 山主編	300 元
33.	48 式太極拳入門	門惠豐編著	220 元
34.	太極拳奇人奇功	嚴翰秀編著	250 元
35.	心意門秘籍	李新民編著	220 元
36.	三才門乾坤戊己功	王培生編著	220 元
37.	武式太極劍精華 +VCD	薛乃印編著	350 元
38.	楊式太極拳	傅鐘文演述	200 元
39.	陳式太極拳、劍 36 式	闞桂香編著	250 元
40.	正宗武式太極拳	薛乃印著	220 元
41.	杜元化＜太極拳正宗＞考析	王海洲等著	300 元
42.	＜珍貴版＞陳式太極拳	沈家楨著	280 元
43.	24 式太極拳＋VCD	中國國家體育總局著	350 元
44.	太極推手絕技	安在峰編著	250 元
45.	孫祿堂武學錄	孫祿堂著	300 元

46.	<珍貴本>陳式太極拳精選	馮志強著	280元
47.	武當趙保太極拳小架	鄭悟清傳授	250元
48.	太極拳習練知識問答	邱丕相主編	220元
49.	八法拳 八法槍	武世俊著	220元

・彩色圖解太極武術・大展編號 102

1.	太極功夫扇	李德印編著	220元
2.	武當太極劍	李德印編著	220元
3.	楊式太極劍	李德印編著	220元
4.	楊式太極刀	王志遠著	220元

・名師出高徒・大展編號 111

1.	武術基本功與基本動作	劉玉萍編著	200元
2.	長拳入門與精進	吳彬　等著	220元
3.	劍術刀術入門與精進	楊柏龍等著	220元
4.	棍術、槍術入門與精進	邱丕相編著	220元
5.	南拳入門與精進	朱瑞琪編著	220元
6.	散手入門與精進	張　山等著	220元
7.	太極拳入門與精進	李德印編著	280元
8.	太極推手入門與精進	田金龍編著	220元

・實用武術技擊・大展編號 112

1.	實用自衛拳法	溫佐惠　著	250元
2.	搏擊術精選	陳清山等著	220元
3.	秘傳防身絕技	程崑彬　著	230元
4.	振藩截拳道入門	陳琦平　著	220元
5.	實用擒拿法	韓建中　著	220元
6.	擒拿反擒拿 88 法	韓建中　著	250元
7.	武當秘門技擊術入門篇	高　翔　著	250元
8.	武當秘門技擊術絕技篇	高　翔　著	250元

・中國武術規定套路・大展編號 113

1.	螳螂拳	中國武術系列	300元
2.	劈掛拳	規定套路編寫組	300元
3.	八極拳	國家體育總局	250元

・中華傳統武術・大展編號 114

1.	中華古今兵械圖考	裴錫榮 主編	280元
2.	武當劍	陳湘陵 編著	200元

3.	梁派八卦掌（老八掌）	李子鳴 遺著	220 元
4.	少林 72 藝與武當 36 功	裴錫榮 主編	230 元
5.	三十六把擒拿	佐藤金兵衛 主編	200 元
6.	武當太極拳與盤手 20 法	裴錫榮 主編	220 元

・少林功夫・大展編號 115

1.	少林打擂秘訣	德虔、素法 編著	300 元
2.	少林三大名拳 炮拳、大洪拳、六合拳	門惠豐 等著	200 元
3.	少林三絕 氣功、點穴、擒拿	德虔 編著	300 元
4.	少林怪兵器秘傳	素法 等著	250 元
5.	少林護身暗器秘傳	素法 等著	220 元
6.	少林金剛硬氣功	楊維 編著	250 元
7.	少林棍法大全	德虔、素法 編著	

・原地太極拳系列・大展編號 11

1.	原地綜合太極拳 24 式	胡啟賢創編	220 元
2.	原地活步太極拳 42 式	胡啟賢創編	200 元
3.	原地簡化太極拳 24 式	胡啟賢創編	200 元
4.	原地太極拳 12 式	胡啟賢創編	200 元
5.	原地青少年太極拳 22 式	胡啟賢創編	200 元

・道學文化・大展編號 12

1.	道在養生：道教長壽術	郝勤 等著	250 元
2.	龍虎丹道：道教內丹術	郝勤 著	300 元
3.	天上人間：道教神仙譜系	黃德海著	250 元
4.	步罡踏斗：道教祭禮儀典	張澤洪著	250 元
5.	道醫窺秘：道教醫學康復術	王慶餘等著	250 元
6.	勸善成仙：道教生命倫理	李 剛著	250 元
7.	洞天福地：道教宮觀勝境	沙銘壽著	250 元
8.	青詞碧簫：道教文學藝術	楊光文等著	250 元
9.	沈博絕麗：道教格言精粹	朱耕發等著	250 元

・易學智慧・大展編號 122

1.	易學與管理	余敦康主編	250 元
2.	易學與養生	劉長林等著	300 元
3.	易學與美學	劉綱紀等著	300 元
4.	易學與科技	董光壁著	280 元
5.	易學與建築	韓增祿著	280 元
6.	易學源流	鄭萬耕著	280 元
7.	易學的思維	傅雲龍等著	250 元

8. 周易與易圖　李　申著　250元
9. 中國佛教與周易　王仲堯著　元

・神　算　大　師・大展編號123

1. 劉伯溫神算兵法　應　涵編著　280元
2. 姜太公神算兵法　應　涵編著　280元
3. 鬼谷子神算兵法　應　涵編著　280元
4. 諸葛亮神算兵法　應　涵編著　280元

・秘傳占卜系列・大展編號14

1. 手相術　淺野八郎著　180元
2. 人相術　淺野八郎著　180元
3. 西洋占星術　淺野八郎著　180元
4. 中國神奇占卜　淺野八郎著　150元
5. 夢判斷　淺野八郎著　150元
6. 前世、來世占卜　淺野八郎著　150元
7. 法國式血型學　淺野八郎著　150元
8. 靈感、符咒學　淺野八郎著　150元
9. 紙牌占卜術　淺野八郎著　150元
10. ESP超能力占卜　淺野八郎著　150元
11. 猶太數的秘術　淺野八郎著　150元
12. 新心理測驗　淺野八郎著　160元
13. 塔羅牌預言秘法　淺野八郎著　200元

・趣味心理講座・大展編號15

1. 性格測驗（1）探索男與女　淺野八郎著　140元
2. 性格測驗（2）透視人心奧秘　淺野八郎著　140元
3. 性格測驗（3）發現陌生的自己　淺野八郎著　140元
4. 性格測驗（4）發現你的真面目　淺野八郎著　140元
5. 性格測驗（5）讓你們吃驚　淺野八郎著　140元
6. 性格測驗（6）洞穿心理盲點　淺野八郎著　140元
7. 性格測驗（7）探索對方心理　淺野八郎著　140元
8. 性格測驗（8）由吃認識自己　淺野八郎著　160元
9. 性格測驗（9）戀愛知多少　淺野八郎著　160元
10. 性格測驗（10）由裝扮瞭解人心　淺野八郎著　160元
11. 性格測驗（11）敲開內心玄機　淺野八郎著　140元
12. 性格測驗（12）透視你的未來　淺野八郎著　160元
13. 血型與你的一生　淺野八郎著　160元
14. 趣味推理遊戲　淺野八郎著　160元
15. 行為語言解析　淺野八郎著　160元

・婦幼天地・大展編號 16

1.	八萬人減肥成果	黃靜香譯	180 元
2.	三分鐘減肥體操	楊鴻儒譯	150 元
3.	窈窕淑女美髮秘訣	柯素娥譯	130 元
4.	使妳更迷人	成　玉譯	130 元
5.	女性的更年期	官舒妍編譯	160 元
6.	胎內育兒法	李玉瓊編譯	150 元
7.	早產兒袋鼠式護理	唐岱蘭譯	200 元
8.	初次懷孕與生產	婦幼天地編譯組	180 元
9.	初次育兒 12 個月	婦幼天地編譯組	180 元
10.	斷乳食與幼兒食	婦幼天地編譯組	180 元
11.	培養幼兒能力與性向	婦幼天地編譯組	180 元
12.	培養幼兒創造力的玩具與遊戲	婦幼天地編譯組	180 元
13.	幼兒的症狀與疾病	婦幼天地編譯組	180 元
14.	腿部苗條健美法	婦幼天地編譯組	180 元
15.	女性腰痛別忽視	婦幼天地編譯組	150 元
16.	舒展身心體操術	李玉瓊編譯	130 元
17.	三分鐘臉部體操	趙薇妮著	160 元
18.	生動的笑容表情術	趙薇妮著	160 元
19.	心曠神怡減肥法	川津祐介著	130 元
20.	內衣使妳更美麗	陳玄茹譯	130 元
21.	瑜伽美姿美容	黃靜香編著	180 元
22.	高雅女性裝扮學	陳珮玲譯	180 元
23.	蠶糞肌膚美顏法	梨秀子著	160 元
24.	認識妳的身體	李玉瓊譯	160 元
25.	產後恢復苗條體態	居理安・芙萊喬著	200 元
26.	正確護髮美容法	山崎伊久江著	180 元
27.	安琪拉美姿養生學	安琪拉蘭斯博瑞著	180 元
28.	女體性醫學剖析	增田豐著	220 元
29.	懷孕與生產剖析	岡部綾子著	180 元
30.	斷奶後的健康育兒	東城百合子著	220 元
31.	引出孩子幹勁的責罵藝術	多湖輝著	170 元
32.	培養孩子獨立的藝術	多湖輝著	170 元
33.	子宮肌瘤與卵巢囊腫	陳秀琳編著	180 元
34.	下半身減肥法	納他夏・史達賓著	180 元
35.	女性自然美容法	吳雅菁編著	180 元
36.	再也不發胖	池園悅太郎著	170 元
37.	生男生女控制術	中垣勝裕著	220 元
38.	使妳的肌膚更亮麗	楊　皓編著	170 元
39.	臉部輪廓變美	芝崎義夫著	180 元
40.	斑點、皺紋自己治療	高須克彌著	180 元
41.	面皰自己治療	伊藤雄康著	180 元

42.	隨心所欲瘦身冥想法	原久子著	180元
43.	胎兒革命	鈴木丈織著	180元
44.	NS 磁氣平衡法塑造窈窕奇蹟	古屋和江著	180元
45.	享瘦從腳開始	山田陽子著	180元
46.	小改變瘦 4 公斤	宮本裕子著	180元
47.	軟管減肥瘦身	高橋輝男著	180元
48.	海藻精神秘美容法	劉名揚編著	180元
49.	肌膚保養與脫毛	鈴木真理著	180元
50.	10 天減肥 3 公斤	彤雲編輯組	180元
51.	穿出自己的品味	西村玲子著	280元
52.	小孩髮型設計	李芳黛譯	250元

・青　春　天　地・大展編號 17

1.	A 血型與星座	柯素娥編譯	160元
2.	B 血型與星座	柯素娥編譯	160元
3.	0 血型與星座	柯素娥編譯	160元
4.	AB 血型與星座	柯素娥編譯	120元
5.	青春期性教室	呂貴嵐編譯	130元
7.	難解數學破題	宋釗宜編譯	130元
9.	小論文寫作秘訣	林顯茂編譯	120元
11.	中學生野外遊戲	熊谷康編著	120元
12.	恐怖極短篇	柯素娥編譯	130元
13.	恐怖夜話	小毛驢編譯	130元
14.	恐怖幽默短篇	小毛驢編譯	120元
15.	黑色幽默短篇	小毛驢編譯	120元
16.	靈異怪談	小毛驢編譯	130元
17.	錯覺遊戲	小毛驢編著	130元
18.	整人遊戲	小毛驢編著	150元
19.	有趣的超常識	柯素娥編譯	130元
20.	哦！原來如此	林慶旺編譯	130元
21.	趣味競賽 100 種	劉名揚編譯	120元
22.	數學謎題入門	宋釗宜編譯	150元
23.	數學謎題解析	宋釗宜編譯	150元
24.	透視男女心理	林慶旺編譯	120元
25.	少女情懷的自白	李桂蘭編譯	120元
26.	由兄弟姊妹看命運	李玉瓊編譯	130元
27.	趣味的科學魔術	林慶旺編譯	150元
28.	趣味的心理實驗室	李燕玲編譯	150元
29.	愛與性心理測驗	小毛驢編譯	130元
30.	刑案推理解謎	小毛驢編譯	180元
31.	偵探常識推理	小毛驢編譯	180元
32.	偵探常識解謎	小毛驢編譯	130元
33.	偵探推理遊戲	小毛驢編譯	180元

34. 趣味的超魔術　廖玉山編著　150 元
35. 趣味的珍奇發明　柯素娥編著　150 元
36. 登山用具與技巧　陳瑞菊編著　150 元
37. 性的漫談　蘇燕謀編著　180 元
38. 無的漫談　蘇燕謀編著　180 元
39. 黑色漫談　蘇燕謀編著　180 元
40. 白色漫談　蘇燕謀編著　180 元

・健 康 天 地・大展編號 18

1. 壓力的預防與治療　柯素娥編譯　130 元
2. 超科學氣的魔力　柯素娥編譯　130 元
3. 尿療法治病的神奇　中尾良一著　130 元
4. 鐵證如山的尿療法奇蹟　廖玉山譯　120 元
5. 一日斷食健康法　葉慈容編譯　150 元
6. 胃部強健法　陳炳崑譯　120 元
7. 癌症早期檢查法　廖松濤譯　160 元
8. 老人痴呆症防止法　柯素娥編譯　170 元
9. 松葉汁健康飲料　陳麗芬編譯　150 元
10. 揉肚臍健康法　永井秋夫著　150 元
11. 過勞死、猝死的預防　卓秀貞編譯　130 元
12. 高血壓治療與飲食　藤山順豐著　180 元
13. 老人看護指南　柯素娥編譯　150 元
14. 美容外科淺談　楊啟宏著　150 元
15. 美容外科新境界　楊啟宏著　150 元
16. 鹽是天然的醫生　西英司郎著　140 元
17. 年輕十歲不是夢　梁瑞麟譯　200 元
18. 茶料理治百病　桑野和民著　180 元
20. 杜仲茶養顏減肥法　西田博著　170 元
21. 蜂膠驚人療效　瀨長良三郎著　180 元
22. 蜂膠治百病　瀨長良三郎著　180 元
23. 醫藥與生活　鄭炳全著　180 元
24. 鈣長生寶典　落合敏著　180 元
25. 大蒜長生寶典　木下繁太郎著　160 元
26. 居家自我健康檢查　石川恭三著　160 元
27. 永恆的健康人生　李秀鈴譯　200 元
28. 大豆卵磷脂長生寶典　劉雪卿譯　150 元
29. 芳香療法　梁艾琳譯　160 元
30. 醋長生寶典　柯素娥譯　180 元
31. 從星座透視健康　席拉・吉蒂斯著　180 元
32. 愉悅自在保健學　野本二士夫著　160 元
33. 裸睡健康法　丸山淳士等著　160 元
34. 糖尿病預防與治療　藤山順豐著　180 元
35. 維他命長生寶典　菅原明子著　180 元

36. 維他命 C 新效果	鐘文訓編	150 元
37. 手、腳病理按摩	堤芳朗著	160 元
38. AIDS 瞭解與預防	彼得塔歇爾著	180 元
39. 甲殼質殼聚糖健康法	沈永嘉譯	160 元
40. 神經痛預防與治療	木下真男著	160 元
41. 室內身體鍛鍊法	陳炳崑編著	160 元
42. 吃出健康藥膳	劉大器編著	180 元
43. 自我指壓術	蘇燕謀編著	160 元
44. 紅蘿蔔汁斷食療法	李玉瓊編著	150 元
45. 洗心術健康秘法	竺翠萍編譯	170 元
46. 枇杷葉健康療法	柯素娥編譯	180 元
47. 抗衰血癒	楊啟宏著	180 元
48. 與癌搏鬥記	逸見政孝著	180 元
49. 冬蟲夏草長生寶典	高橋義博著	170 元
50. 痔瘡・大腸疾病先端療法	宮島伸宜著	180 元
51. 膠布治癒頑固慢性病	加瀨建造著	180 元
52. 芝麻神奇健康法	小林貞作著	170 元
53. 香煙能防止癡呆？	高田明和著	180 元
54. 穀菜食治癌療法	佐藤成志著	180 元
55. 貼藥健康法	松原英多著	180 元
56. 克服癌症調和道呼吸法	帶津良一著	180 元
57. B 型肝炎預防與治療	野村喜重郎著	180 元
58. 青春永駐養生導引術	早島正雄著	180 元
59. 改變呼吸法創造健康	原久子著	180 元
60. 荷爾蒙平衡養生秘訣	出村博著	180 元
61. 水美肌健康法	井戶勝富著	170 元
62. 認識食物掌握健康	廖梅珠編著	170 元
63. 痛風劇痛消除法	鈴木吉彥著	180 元
64. 酸莖菌驚人療效	上田明彥著	180 元
65. 大豆卵磷脂治現代病	神津健一著	200 元
66. 時辰療法—危險時刻凌晨 4 時	呂建強等著	180 元
67. 自然治癒力提升法	帶津良一著	180 元
68. 巧妙的氣保健法	藤平墨子著	180 元
69. 治癒 C 型肝炎	熊田博光著	180 元
70. 肝臟病預防與治療	劉名揚編著	180 元
71. 腰痛平衡療法	荒井政信著	180 元
72. 根治多汗症、狐臭	稻葉益巳著	220 元
73. 40 歲以後的骨質疏鬆症	沈永嘉譯	180 元
74. 認識中藥	松下一成著	180 元
75. 認識氣的科學	佐佐木茂美著	180 元
76. 我戰勝了癌症	安田伸著	180 元
77. 斑點是身心的危險信號	中野進著	180 元
78. 艾波拉病毒大震撼	玉川重德著	180 元
79. 重新還我黑髮	桑名隆一郎著	180 元

80. 身體節律與健康	林博史著	180 元
81. 生薑治萬病	石原結實著	180 元
83. 木炭驚人的威力	大槻彰著	200 元
84. 認識活性氧	井土貴司著	180 元
85. 深海鮫治百病	廖玉山編著	180 元
86. 神奇的蜂王乳	井上丹治著	180 元
87. 卡拉 OK 健腦法	東潔著	180 元
88. 卡拉 OK 健康法	福田伴男著	180 元
89. 醫藥與生活	鄭炳全著	200 元
90. 洋蔥治百病	宮尾興平著	180 元
91. 年輕 10 歲快步健康法	石塚忠雄著	180 元
92. 石榴的驚人神效	岡本順子著	180 元
93. 飲料健康法	白鳥早奈英著	180 元
94. 健康棒體操	劉名揚編譯	180 元
95. 催眠健康法	蕭京凌編著	180 元
96. 鬱金（美王）治百病	水野修一著	180 元
97. 醫藥與生活	鄭炳全著	200 元

・實用女性學講座・大展編號 19

1. 解讀女性內心世界	島田一男著	150 元
2. 塑造成熟的女性	島田一男著	150 元
3. 女性整體裝扮學	黃靜香編著	180 元
4. 女性應對禮儀	黃靜香編著	180 元
5. 女性婚前必修	小野十傳著	200 元
6. 徹底瞭解女人	田口二州著	180 元
7. 拆穿女性謊言 88 招	島田一男著	200 元
8. 解讀女人心	島田一男著	200 元
9. 俘獲女性絕招	志賀貢著	200 元
10. 愛情的壓力解套	中村理英子著	200 元
11. 妳是人見人愛的女孩	廖松濤編著	200 元

・校園系列・大展編號 20

1. 讀書集中術	多湖輝著	180 元
2. 應考的訣竅	多湖輝著	150 元
3. 輕鬆讀書贏得聯考	多湖輝著	180 元
4. 讀書記憶秘訣	多湖輝著	180 元
5. 視力恢復！超速讀術	江錦雲譯	180 元
6. 讀書 36 計	黃柏松編著	180 元
7. 驚人的速讀術	鐘文訓編著	170 元
8. 學生課業輔導良方	多湖輝著	180 元
9. 超速讀超記憶法	廖松濤編著	180 元
10. 速算解題技巧	宋釗宜編著	200 元

11.	看圖學英文	陳炳崑編著	200 元
12.	讓孩子最喜歡數學	沈永嘉譯	180 元
13.	催眠記憶術	林碧清譯	180 元
14.	催眠速讀術	林碧清譯	180 元
15.	數學式思考學習法	劉淑錦譯	200 元
16.	考試憑要領	劉孝暉著	180 元
17.	事半功倍讀書法	王毅希著	200 元
18.	超金榜題名術	陳蒼杰譯	200 元
19.	靈活記憶術	林耀慶編著	180 元
20.	數學增強要領	江修楨編著	180 元
21.	使頭腦靈活的數學	逢澤明著	200 元
22.	難解數學破題	宋釗宜著	200 元

・實用心理學講座・大展編號 21

1.	拆穿欺騙伎倆	多湖輝著	140 元
2.	創造好構想	多湖輝著	140 元
3.	面對面心理術	多湖輝著	160 元
4.	偽裝心理術	多湖輝著	140 元
5.	透視人性弱點	多湖輝著	180 元
6.	自我表現術	多湖輝著	180 元
7.	不可思議的人性心理	多湖輝著	180 元
8.	催眠術入門	多湖輝著	150 元
9.	責罵部屬的藝術	多湖輝著	150 元
10.	精神力	多湖輝著	150 元
11.	厚黑說服術	多湖輝著	150 元
12.	集中力	多湖輝著	150 元
13.	構想力	多湖輝著	150 元
14.	深層心理術	多湖輝著	160 元
15.	深層語言術	多湖輝著	160 元
16.	深層說服術	多湖輝著	180 元
17.	掌握潛在心理	多湖輝著	160 元
18.	洞悉心理陷阱	多湖輝著	180 元
19.	解讀金錢心理	多湖輝著	180 元
20.	拆穿語言圈套	多湖輝著	180 元
21.	語言的內心玄機	多湖輝著	180 元
22.	積極力	多湖輝著	180 元

・超現實心靈講座・大展編號 22

1.	超意識覺醒法	詹蔚芬編譯	130 元
2.	護摩秘法與人生	劉名揚編譯	130 元
3.	秘法！超級仙術入門	陸明譯	150 元
4.	給地球人的訊息	柯素娥編著	150 元

5. 密教的神通力	劉名揚編著	130 元
6. 神秘奇妙的世界	平川陽一著	200 元
7. 地球文明的超革命	吳秋嬌譯	200 元
8. 力量石的秘密	吳秋嬌譯	180 元
9. 超能力的靈異世界	馬小莉譯	200 元
10. 逃離地球毀滅的命運	吳秋嬌譯	200 元
11. 宇宙與地球終結之謎	南山宏著	200 元
12. 驚世奇功揭秘	傅起鳳著	200 元
13. 啟發身心潛力心象訓練法	栗田昌裕著	180 元
14. 仙道術遁甲法	高藤聰一郎著	220 元
15. 神通力的秘密	中岡俊哉著	180 元
16. 仙人成仙術	高藤聰一郎著	200 元
17. 仙道符咒氣功法	高藤聰一郎著	220 元
18. 仙道風水術尋龍法	高藤聰一郎著	200 元
19. 仙道奇蹟超幻像	高藤聰一郎著	200 元
20. 仙道鍊金術房中法	高藤聰一郎著	200 元
21. 奇蹟超醫療治癒難病	深野一幸著	220 元
22. 揭開月球的神秘力量	超科學研究會	180 元
23. 西藏密教奧義	高藤聰一郎著	250 元
24. 改變你的夢術入門	高藤聰一郎著	250 元
25. 21 世紀拯救地球超技術	深野一幸著	250 元

・養　生　保　健・大展編號 23

1. 醫療養生氣功	黃孝寬著	250 元
2. 中國氣功圖譜	余功保著	250 元
3. 少林醫療氣功精粹	井玉蘭著	250 元
4. 龍形實用氣功	吳大才等著	220 元
5. 魚戲增視強身氣功	宮　嬰著	220 元
6. 嚴新氣功	前新培金著	250 元
7. 道家玄牝氣功	張　章著	200 元
8. 仙家秘傳袪病功	李遠國著	160 元
9. 少林十大健身功	秦慶豐著	180 元
10. 中國自控氣功	張明武著	250 元
11. 醫療防癌氣功	黃孝寬著	250 元
12. 醫療強身氣功	黃孝寬著	250 元
13. 醫療點穴氣功	黃孝寬著	250 元
14. 中國八卦如意功	趙維漢著	180 元
15. 正宗馬禮堂養氣功	馬禮堂著	420 元
16. 秘傳道家筋經內丹功	王慶餘著	300 元
17. 三元開慧功	辛桂林著	250 元
18. 防癌治癌新氣功	郭　林著	180 元
19. 禪定與佛家氣功修煉	劉天君著	200 元
20. 顛倒之術	梅自強著	360 元

21.	簡明氣功辭典	吳家駿編	360 元
22.	八卦三合功	張全亮著	230 元
23.	朱砂掌健身養生功	楊永著	250 元
24.	抗老功	陳九鶴著	230 元
25.	意氣按穴排濁自療法	黃啟運編著	250 元
26.	陳式太極拳養生功	陳正雷著	200 元
27.	健身祛病小功法	王培生著	200 元
28.	張式太極混元功	張春銘著	250 元
29.	中國璇密功	羅琴編著	250 元
30.	中國少林禪密功	齊飛龍著	200 元
31.	郭林新氣功	郭林新氣功研究所	400 元
32.	太極 八卦之源與健身養生	鄭志鴻等著	280 元

・社會人智囊・大展編號 24

1.	糾紛談判術	清水增三著	160 元
2.	創造關鍵術	淺野八郎著	150 元
3.	觀人術	淺野八郎著	200 元
4.	應急詭辯術	廖英迪編著	160 元
5.	天才家學習術	木原武一著	160 元
6.	貓型狗式鑑人術	淺野八郎著	180 元
7.	逆轉運掌握術	淺野八郎著	180 元
8.	人際圓融術	澀谷昌三著	160 元
9.	解讀人心術	淺野八郎著	180 元
10.	與上司水乳交融術	秋元隆司著	180 元
11.	男女心態定律	小田晉著	180 元
12.	幽默說話術	林振輝編著	200 元
13.	人能信賴幾分	淺野八郎著	180 元
14.	我一定能成功	李玉瓊譯	180 元
15.	獻給青年的嘉言	陳蒼杰譯	180 元
16.	知人、知面、知其心	林振輝編著	180 元
17.	塑造堅強的個性	坂上肇著	180 元
18.	為自己而活	佐藤綾子著	180 元
19.	未來十年與愉快生活有約	船井幸雄著	180 元
20.	超級銷售話術	杜秀卿譯	180 元
21.	感性培育術	黃靜香編著	180 元
22.	公司新鮮人的禮儀規範	蔡媛惠譯	180 元
23.	傑出職員鍛鍊術	佐佐木正著	180 元
24.	面談獲勝戰略	李芳黛譯	180 元
25.	金玉良言撼人心	森純大著	180 元
26.	男女幽默趣典	劉華亭編著	180 元
27.	機智說話術	劉華亭編著	180 元
28.	心理諮商室	柯素娥譯	180 元
29.	如何在公司崢嶸頭角	佐佐木正著	180 元

國家圖書館出版品預行編目資料

圖解手掌機密／林虹余著
－初版－臺北市，大展，民 92
面；21 公分－（命理與預言；69）
ISBN 957-468-232-3（平裝）

1. 手相

293.23　　92009157

圖解手掌機密

ISBN 957-468-232-3

著 作 者／林　虹　余
發 行 人／蔡　森　明
出 版 者／大展出版社有限公司
社　　址／台北市北投區（石牌）致遠一路 2 段 12 巷 1 號
電　　話／(02) 28236031・28236033・28233123
傳　　真／(02) 28272069
郵政劃撥／01669551
E-mail／dah_jaan@pchome.com.tw
登 記 證／局版臺業字第 2171 號
承 印 者／國順圖書印刷公司
裝　　訂／協億印製有限公司
排 版 者／千兵企業有限公司
初版1刷／2003 年（民 92 年） 8 月

定　價／180 元

大展好書　好書大展
品嘗好書　冠群可期

大展好書　好書大展
品嘗好書　冠群可期